5G 新技术丛书

5G 与车联网

——基于移动通信的车联网技术与智能网联汽车

李　俨
曹一卿　陈书平
杜志敏　邱　虹
高　路　韩　斌　著

電子工業出版社
Publishing House of Electronics Industry
北京 · BEIJING

内容简介

本书介绍了车联网技术的背景、现状、演进和架构，重点对基于 5G 移动通信的关键技术进行了详细的分析和介绍，包括 eCall（紧急呼叫）和下一代（Next Generation）eCall、DSRC（专用短程通信）和 C-V2X（蜂窝车联网），以及支持车联网通信的高层消息等。本书还介绍了车联网安全、频谱需求及划分、测试和产业推动等重要问题。

本书不仅适合移动通信、车联网和智能网联汽车领域的专业技术人员阅读和参考，还适合高等院校通信、信号处理等专业的师生阅读和参考。

图书在版编目（CIP）数据

5G 与车联网：基于移动通信的车联网技术与智能网联汽车/李俨等著. —北京：电子工业出版社，2019.2

（5G 新技术丛书）

ISBN 978-7-121-35690-2

Ⅰ. ①5… Ⅱ. ①李… Ⅲ. ①互联网络－应用－汽车－安全技术 ②智能技术－应用－汽车－安全技术 Ⅳ. ①U469-39

中国版本图书馆 CIP 数据核字（2018）第 280902 号

策划编辑：李树林

责任编辑：李树林

印　　刷：涿州市般润文化传播有限公司

装　　订：涿州市般润文化传播有限公司

出版发行：电子工业出版社

北京市海淀区万寿路 173 信箱　　邮编：100036

开　　本：720×1 000　1/16　印张：12.5　　字数：210 千字

版　　次：2019 年 2 月第 1 版

印　　次：2024 年 3 月第 10 次印刷

定　　价：56.00 元

凡所购买电子工业出版社图书有缺损问题，请向购买书店调换。若书店售缺，请与本社发行部联系，联系及邮购电话：（010）88254888，88258888。

质量投诉请发邮件至 zlts@phei.com.cn，盗版侵权举报请发邮件至 dbqq@phei.com.cn。

本书咨询和投稿联系方式：（010）88254463，lisl@phei.com.cn。

前言

2015 年,《麻省理工科技评论》将“Vehicle to Vehicle Communication”评为年度 10 大突破技术之一。该评论认为“V2V 技术比无人驾驶汽车更容易实现，后者更容易受到恶劣天气、意外障碍、环境和复杂的城市路况影响。而简单的汽车间无线网络很可能提供更加高效的公路安全。”美国每年发生超过 500 万起交通事故，其中超过 3 万起是致命事故。美国高速公路管理局（NHTSA）通过在密歇根安娜堡的实验，认为 V2V 技术可以将美国每年的交通事故减少 50 万起，并避免超过 1000 起死亡事故。

本书作者并不认为基于通信的 V2V/V2X 技术将完全取代目前汽车中已经大量装备的各种传感器、毫米波和激光雷达，而是提供一种“超视距”的感知方式，以帮助进一步提高自动驾驶等级和改善智能交通体验。

本书首先从车联网技术的架构和标准体系的角度力求给读者一个全貌，帮助读者更好地理解车联网系统的设计思想。

在以通信为手段的车联网技术中，本书着重介绍了通信对于安全和驾驶体验提升的三个系统——eCall（紧急呼叫）和下一代（Next Generation）eCall、DSRC（专用短程通信）和 C-V2X（蜂窝车联网）。在这三个系统中，eCall 主要提供事故后的紧急呼叫，以帮助救助更多的生命；DSRC 用于改善汽车驾驶的主动安全体验；C-V2X 除提升主动安全体验外，还通过 5G V2X 提供部分自动驾驶功能。DSRC 和 C-V2X 都是 IP 层以下的传输技术，而应用层等高层消息是由各个地区的标准组织定义的，比较有名的包括国际自动机工程师学会（SAE Inter national）定义的 BSM 消息和欧洲 ITS-G5 定义的 CAM/DENM 消息。本书在第 7 章中介绍了这些消息。同时，对于车联网安全这一热点话题，在本书第 8 章中也给予了介绍。

此外，本书还介绍了车联网产业化的三个重点问题：频谱需求及划分、测试和产业推动。在本书即将付梓之时，我们很欣喜地看到我国已经正式发布车联网频谱划分管理规定。2018 年 11 月，通信模组、通信终端和整车企业在上海进行了全球首个“跨通信模组、跨终端、跨整车”的互联互通演示。“三跨”演示标志着各个产业环节已经被打通，C-V2X 产品进一步走向了商用。

囿于作者学识，本书有诸多不足之处，还请各位热心读者指正。

谢谢！

著者

2019 年 1 月

目录
CONTENTS

第 1 章　车联网技术的背景、发展和各国/地区的现状

从全球范围来看，基于通信的车联网技术始于 20 世纪末的美国，欧洲、日本在 21 世纪初也开始了相应的研究。本章首先介绍美国和欧洲的车联网技术、法规情况，随后介绍车联网、智能交通与智能网联汽车之间的关系和各自的应用范畴，以便在后面的章节中进行深入讲述。

1.1　车联网技术的背景和发展

1.1.1　车联网技术的背景

“汽车”和“无线电通信”是在一百多年前先后诞生的，这两个事物涉及的技术有很多共性。在 19 世纪末期大家都在思考一个共同的问题，就是怎么把人从地域上的束缚解放出来：一方面，实现物理本体的转移，即通过汽车等工具把我们快速地从 A 地送到 B 地；另一方面，在物理上人不移动的情况下我们怎么把信息传输出去，即远端的通信。今天回过头看，在最初期时，英文里面的交通和通信是一个词，即“communication”，意思就是远距离沟通。从 20 世纪 90 年代开始，汽车和通信走到了一起，汽车里

陆续装备了基于2G、3G和4G的移动通信设备。有了这些设备，我们逐渐实现了基于通信能力的导航和信息预告等业务。在具备了2G蜂窝通信能力之后，智能交通在解决交通安全方面做了一个很有意思的事情，就是“紧急呼叫”（emergency Call，eCall，也常常叫作“紧急救援”）。eCall使用移动电话和卫星定位功能，在发生交通事故后，与最近的救援中心的统一号码（如中国的122、欧盟的112）建立电话连接，除语音连接之外，车载eCall系统还上报传输有关事故地点、事故类型和车辆的信息。

近年来，移动通信完成从第二代移动通信技术（2G）到第三代移动通信技术（3G），以及第三代移动通信技术（3G）到第四代移动通信技术（4G）的过渡，今天汽车上也开始陆续安装4G模块。现在我们已在预测：对于未来汽车下一步还将进行怎样的发展，还能在哪些方面更进一步地改进和提高。目前，我们清楚地看到，汽车正在不断向智能驾驶的方向发展，当前正处在过渡过程中的网联阶段，这个阶段核心的特征出现了基于通信的V2V（Vehicle to Vehicle，车到车）和V2I（Vehicle to Infrastructure，车到基础设施）、V2P（Vehicle to Pedestrian，车到人）通信技术，将车和车之间、车和周围的万物之间连接起来。汽车获得了互相连接的能力，也就具备了智能特性，并通过智能衍生出一些服务。未来，5G将为V2X（Vehicle to X，车到其他）提供更高的通信能力和安全性，推动汽车技术进一步发展，并让汽车具有非常高的智能，甚至实现自动驾驶。未来一个时期，汽车和通信的结合会将经历从信息化到网联化，再到智能化、云端化的三个阶段，汽车将会变得更加智能化和云端化。

本书在应用方面重点关注信息化的eCall和网联化的V2V两个方面。在介绍网联汽车的时候，首先回顾一下什么是网联汽车。关于网联汽车，从名称来说就有多种，除“网联汽车”这个名称外，有人说应叫作“智能网联汽车”，有人说应叫作“车联网”，还有人说更大的范畴应称为“智能交通系统”。不同行业、领域的人站的立场和角度不一样，就有了不同的看法和认识。对于交通行业的人，他们看问题的时候是整个交通系统，包括路和路边的基础设施，以及车和车、路的有机协同，这个系统用来完成运输服务，因此，应叫作“智能交通系统”。对于通信行业的人，他们从网络的角度出发，用网络把大家连接起来，于是就有了“车联网”的概念。车联网的概念里面主要体现的是连接性，不仅包括车与车之间的直接连接，还包括通过运营商网络连接。通信行业在谈车联网的时候，可能过多地强调了网络，却忽略了对应用的定义。智能交通系统和车联网这两者之间的交集是智能网联汽车，车联网是车和车之间的互联，以及车和具有通信能力的个人之间的互联，而在智能交通系统中，智能网联汽车是一个很重要的组成部分，是一个承载方。2015 年 9 月 29 日的国务院常务会议决定，将“开展智能网联汽车示范试点”，因此，在我们国家讨论的“网联汽车”更多的是“智能网联汽车”。这个概念更多的是从制造的角度出发的，比如汽车行业的主机厂商、部件厂商大多是从这个角度来看的。囿于作者的知识背景，本书将从车联网的视角来分析相关的技术、标准、方案和相关的频谱需求。

前面介绍了智能网联汽车在交通系统的概念。另外一个概念，我们要澄清一下什么是自动驾驶。很多人说智能网联汽车就是自动驾驶，实际上不是，网联汽车是为自动驾驶服务的。汽车行业常常引用国际自动机工程师协会定义的五级自动驾驶概念，零级属于无自动驾驶，也就是没有任何自动辅助驾驶技术的汽车，一百多年前的汽车就是这样。一级自动驾驶属于驾驶辅助系统，能持续提供转向或加速和制动控制，但只在限制条件和特定情况下提供，现在的汽车大部分都能达到一级自动驾驶水平。二级自动驾驶属于半自动驾驶，也是辅助驾驶系统，但既能提供转向，也能提供加速和制动控制，同样是在限制条件下提供。三级自动驾驶属于有条件的自动驾驶，比如现在的新款特斯拉汽车、奥迪 A8L 等，有很多智能特性，人不参与的时候也可以行驶，但是三级自动驾驶的一个很重要的特点是：责任方始终是人，人必须始终出现在现场，并时刻准备接管，即一旦有事情发生而汽车处理不了时就需要人立即接管。四级和五级自动驾驶就相对智能化了。四级自动驾驶属于高度自动驾驶，汽车基本上在做所有的事情，除了某些特殊情况，一般无须人类干预，但是必须要有驾驶人员在场。五级自动驾驶可以说属于完全自动驾驶，完全不需要驾驶人员了。

目前，汽车处于从二级自动驾驶到三级自动驾驶的过渡期，传统的汽车行业引进了车联网技术，增加了先进的驾驶员辅助系统。一方面，当汽车处于二级自动驾驶阶段时，决策主体和责任都是人，人要负责对路面的所有情况进行观察并负责决策，决定加速还是减速，刹车还是变道等。围绕人这个主体，通过车联网技术，给人提供更多的信息，帮助人决策，提高行驶的安全性和效率，比如，前方有拥堵可以提前变道绕行。另一方面，现在很多互联网的公司（如谷歌、Uber、百度等）正在研究自动驾驶，他们直接跨越中间的二、三自动驾驶阶段，进入四、五自动驾驶阶段。此时，他们更多是从智能化的角度来解决效率和安全性问题。智能化包括几个重要环节：感知、决策和执行，各个环节之间必须彼此贯通。互联网公司认为他们研究的自动驾驶汽车的感知能力已经很强，包括车里面自身的感知和通信能力协作式的感知，因而他们直接跳到决策环节讨论自动驾驶的决策问题。但是我们认为，要想真正进入自动驾驶阶段，一定要有网联阶段，因为网联要在除车自身的声光电传感器（如激光雷达、毫米波雷达、超声波和摄像头等）之外，通过互联网的方式和网联汽车的方式为决策提供一些额外的信息，帮助汽车进行决策。实际上，也只有掌握各方面的信息之后才能更智能地、更有效地做出决策。这也是汽车行业的一个基本的看法。

了解基本概念之后，首先来看看紧急救援（eCall)。紧急救援是汽车和通信相结合之后最有特色的一个项目。从国家交通运输部网站和国家卫生健康委员会网站上获得的数据可知，近年来，我国每年发生的涉及人员伤亡的交通事故有二十万余起，造成死亡的人数基本上维持在 6 万以上。总体看，这几年尽管车辆的保有量不断增长，但随着驾驶员素质的不断提高，交通设施的不断改善，总体来讲我国交通事故的绝对数量稳中有降，但是每起事故的死亡率，过去几年中并没有发生太大的变化，从官方数据来看还是每三起伤亡事故中有一个人死亡。另外，所有由交通事故造成死亡的人员，绝大部分（90%以上）是在到达医院之前就失去了生命，但是，被顺利送达医院的伤员成功救助的概率非常高。同时发现：现在的救援手段非常低效，近几年的改进也非常小。最重要的是，在事故发生之后没有及时地把事故信息传送到救援中心，也没有办法有效地派出消防、医疗、公安人员进行救治，造成很多生命消逝在事故现场。怎么解决这个问题呢？现在，一部分汽车的内后视镜上有一个红色的按钮——SOS，这是一个手工的报警机制。在欧洲已经开始实施一些自动的报警机制，目的是在车辆发生事故的时候，以分钟为单位，尽快地自动完成报警，告诉救援人员需要救援人员所在的地理位置，事故的严重程度，以便尽早组织救援。数据告诉我们，只要能够尽快报警，并让救援人员尽快到达现场，绝大部分受伤人员的生命就可以挽回。紧急救援最早在欧洲提出：2005 年，在汽车有了通信能力之后，欧洲人第一个想到的就是怎么降低交通事故的伤亡率，他们研究了如何解决车辆事故的紧急报警问题，并在 2008 年制定了欧洲标准。这个标准只是第一步，随后进行了多轮测试。2011—2013 年，经过大量测试之后确定了这个技术的可用性；2015 年，欧盟正式以法律的形式规定：从 2018 年 3 月 31 日开始，欧洲所有的车辆都必须安装紧急自动报警装置，即 eCall。实际上，俄罗斯早在 2015 年就开始强制推行紧急救援设备的安装了。

在欧洲推进的同时，国内的一些机构也认识到这个问题。2012 年，中国车载信息产业联盟（TIAA）成立，联盟成立之初很重要的题目就是解决紧急救援问题。2014 年，大家对在中国国内的紧急救援的系统结构达成共识，并且做了一些实验加以验证，然后基于这些结果推进标准化。近期，希望能把这些标准落实并进入立项阶段，随后可以根据标准进行研究开发，从而推动产业发展。

那么，什么是欧洲地区的 eCall？首先，看看现在的方式。在中国，当发生交通事故之后，一般需要拨打电话给 122 进行交通事故报警，如果有人员受伤就要拨打 120 呼叫医疗救护人员进行急救，如果车辆变形严重或者发生了火灾，还需要拨打 119 把消防人员叫来灭火和破拆。此时，人正处在危急混乱当中，拨打这么多电话，往往会遗失掉很多信息。常常有人在发生事故的时候，救援人员会问他在什么地方，但是他根本说不清楚，这就导致救援人员不能快速到达现场。怎么解决这个问题呢？欧盟委员会的想法就是在车里安装传感器来判断事故的发生，比如，当气囊爆裂时，车机（安装在汽车里面的车载信息娱乐产品的简称）自动拨打欧洲统一的紧急救援电话 112，自动把当前的车辆牌号、地理位置、车里的乘客情况、车的前进方向等信息报告给救援中心，即救援中心在接听语音电话之前就已经收到了需待救援的车辆的基本信息。在数据传送之后进行语音通话时，救援人员可以跟车里的乘客或者司机进行沟通，进一步了解事故的情况，然后根据这些信息进行判断并在第一时间制订救援方案，同时组织救援。欧洲地区的 eCall 采用的技术手段是基于在一个语音通路中传送数据。

首先，目前所有移动运营商都在向全 IP 过渡，主流运营商已经部署或正在计划部署长期演进语音承载（Voice over Long-Term Evolution，VoLTE）语音服务。考虑到 VoLTE 部署后 2G 网络会陆续退网，紧急救援也需要向 LTE 和全 IP 化过渡，未来会采用基于 IMS 的下一代紧急呼叫技术，不仅可以传送基本救援信息，甚至可以传送事故现场的照片或者进行视频辅助救援。

其次，需要谈谈紧急救援服务的商业模式。整个欧洲紧急救援服务体系的建设，是由欧盟委员会强制各个国家的政府建立紧急救援呼叫中心来完成的，实行电话统一接听，并由他们负责接警和统一服务。2018 年，欧盟委员会积极推进 eCall 的落实。那么，紧急救援模式在中国怎么推进呢？欧洲经验是可以借鉴的。一方面，需要建立紧急救援的国家标准，并且积极推动政府出台法规，强制车辆安装紧急救援设备，要真正实施并完成可能需要比较长的时间。另一方面，可能还需要一些 PPP 的模式，引入民间资本来帮助政府建立公共服务。借鉴欧洲 eCall 的架构，在此基础上进行适当的调整和改进，使之更适合中国模式。可以把救援和通信部分拆分，把通信部分交给汽车主机厂商及其合作的信息服务商，由其负责给车辆提供 eCall 设备和通信能力，并且开通呼叫中心来接受报警。接警中心（TSP）接警之后了解事故信息，但是他们没有很好的调度派遣能力，那么他们把收集到的信息传给一个业务代理。在中国，这个业务代理可能是一个商业机构，它有能力跟所有的紧急救援机构对接，包括公安、消防、医疗，完成救援派遣。这两者各自都可以形成一些商业机构，独立运行。在这个模式做好之后，国内现在开始陆陆续续有企业提供这样的服务。比如，上海博泰悦臻网络技术服务有限公司等国内的 TSP 已经采用这种架构，跟远盟康健科技有限公司等救援派遣服务商对接，由后者组织救援。

这种紧急救援服务关注在事故发生之后，怎么通过通信的手段进行救援，降低伤亡率。

紧急救援，是在事故发生之后提供救援，有没有手段降低事故发生的概率，让交通出行变得更加可靠和安全呢？在这种需求下，可以在 4G 移动通信网络的基础上，结合车联网技术，解决、改善车车、车路、车人的通信，以此降低交通事故发生率。

今天，几乎人人都在使用 4G 手机，现在已开始把具有 3G、4G 能力的终端安装到汽车上，预计 2021 年全球 60%的车辆都会有 4G 通信能力。基于这样的想法，可以利用这些技术来改善交通状况。

对未来汽车的理解，通信行业和汽车行业的认识目前是比较一致的。未来汽车首先是永远连接的，是一种基于连接的体系；在连接之后，汽车行业和互联网公司一起努力让汽车不断地增强自动化的能力。同时，未来汽车会非常的智能，通过网联汽车获取大量的数据，并对数据进行实时处理。汽车具有了数据处理的能力，结合连接性、自动化能力之后，整个社会的经济和生活都将发生巨大的改变，未来的交通会非常安全。美国前总统奥巴马和他的团队在推动 V2V 技术的时候曾经说，希望通过 V2V 技术把美国非酒精类事故率降低 85%，甚至把伤亡率降低到零。未来车辆出行更加环保，交通效率更高，汽车会非常智能地找到最佳的路线行驶，减少碳排放，同时通行时间变得更加可测。提高交通效率是今天面临的重要问题，比如在北京，从一个地点到另一个地点，在深夜交通状况良好的时候，可能只要 15 分钟就可以到达，但是在白天可能需要 90 分钟甚至更长才能到达。很显然，在白天的交通通勤时间是不可预测的。当汽车有了网联能力之后，这些问题将会大幅改善。

未来车的趋势体现在两个方面：一方面，连接性不断增强，除了从3G到4G的演进，将来还有5G，车里面提供强大的Wi-Fi、广播能力；另一方面，车里面的车载系统的功能会非常强大，会有更加强大的计算能力引入到车里面，给车提供基于计算机的识别能力、虚拟现实能力、增强现实能力，给车和驾驶者提供更多的信息。这两个方面结合在一起，能够给车提供自动驾驶能力，给驾驶人员提供更多信息的能力。

从远景的展望当中可以看到，车联网充当着一个非常重要的角色。在通信行业里，把车联网叫作V2X，这里的V就是汽车，X就是指将来与车连接的一切事物。未来汽车，不仅车和车之间会互相通信，而且车还可能跟周边万物进行沟通，比如：车和车彼此之间沟通，“你要当心，我要刹车了，你要小心不要撞上我”，同时车跟行人沟通，行人说“我要过马路了，车要当心”；车会跟路进行沟通，路会告诉它前方有一个红灯，这个红灯可能五秒钟会变绿，所以你不用开那么快，你到路口才可能绿灯通过。因此，通过这种方式能够提高交通的安全性。

从汽车行业看连接性，最重要的就是先进驾驶员辅助系统（Advanced Driver Assistance Systems，ADAS）。今天的汽车行业围绕汽车自身的感知能力做了很多工作。采用了激光雷达、毫米波雷达和各种超声波传感器，还有基于摄像头的主动识别技术。装备了这些设备的汽车能感知很多信息，但是这些感知结果有一个共同的局限，即它们都是在视觉范围内的。换而言之，装备这些设备的汽车可以看到车周边的十几米范围内的情况，但是，如果右边出现一个大卡车，就会把整个右侧的方向阻挡掉，上述的感知设备无法看到被阻挡的物体。在通信能力引入之后，汽车的感知能力会得到极大扩展，在几百米的通信范围内，即便被卡车或建筑遮挡，装备了V2X模块的车辆依然可以互相通信。可以说，V2X解决了视线被遮挡的难题，为车辆提供了较远距离获取信息的能力。

有了这样一个能力后，不妨通过几个场景，再来看 V2X 到底能给汽车行业带来什么变化。首先是上文提到前向碰撞预警，即前方出现了事故。第一辆车出现事故，第二辆车司机看到后会及时刹车，避免撞到第一辆车。但通常第三辆车的驾驶员会觉得非常突然，有时会来不及刹车，与第二辆车发生追尾。这个场景就像在学习开车的时候，教练都会说开车的时候要留足够的安全距离，避免出现紧急情况反应不及。当驾驶员水平有所提升，教练会告诉他说你不能只盯着前面的车，还要看到更远那辆车的行驶状态，它如果刹车你也赶快刹车。当驾驶员的感知能力跨越前面那辆车看得更远的时候，就能很自信地把车开得更快。今天装备了上述感知设备的汽车，由于只能获得视线内的信息，所以今天的自动驾驶汽车往往行驶比较慢，像谷歌的汽车，现在智能性很强，但是速度并不高。特斯拉是一个特例，可以开得很快，但是不幸发生几起事故。其中一个例子就是左转场景，大卡车左转的时候把道路封闭了，特斯拉的传感器看不到。如果有 V2X 的通信能力，大卡车在左转，会给周边的车一个提示，告诉他这个道路暂时被占用了，其他车辆要小心。如果特斯拉有通信能力，几百米外就可以感知到，相应地进行减速或者停下来，就可以避免事故发生。另外一个很重要的场景叫借道超车。今天在很多国道、省道或者乡村道路可以看到双向两车道行驶，如果前面有一辆车开得很慢，驾驶员想超车必须临时占用逆向车道。这时如果前面有大卡车挡住视线，就非常危险。有了 V2X 通信能力的汽车会彼此交换信息，在借道超车之前会跟要超车的汽车说，对向车道有车，不能借道超车，这时候会大量减少安全事故。同时，车可以做到自动驾驶、电动汽车可以自动寻找充电桩充电等等，一系列应用都可以实现。

为了给汽车提供通信能力，美国在 1999 年已经分配了汽车通信的专用频谱，并基于 IEEE 802.11 协议增加了低时延等特性，完成专用短距离通信（Dedicated Short Range Communication，DSRC）标准。该产业目前已经可以提供成熟的产品给汽车生产、设计企业使用。但是，不得不说 DSRC 是十几年前的技术，今天看起来已经有点落后，它能做一些事情，但是有些限制，特别对有些应用场景处理起来就比较困难。在这种情况下，3GPP 就基于今天的 4G

技术设计出一个新的车联网技术，我们把它叫作基于蜂窝的车联网技术（Cellular V2X，C-V2X）。2016 年 6 月，3GPP 已经完成所有标准的制定，它的目标就是在性能上超越 DSRC，并解决 DSRC 在测试中发现的不足。

今天标准化的情况分两方面，解决两件事情：一方面要解决车和车互相能沟通；另一方面要解决车和车之间互相沟通的时候传播距离受限的问题，即怎么样才能传得更远。具体方案可以经过网络转发把事故相关的信息或者其他诸如修路信息传得更远。车与车直接通信和网络转发两种模式同时存在。说到车和车直接通信，也从技术的角度分成两种模式：第一种模式是网络覆盖外（Out-of-Coverage），即没有基站覆盖，车和车自己要组成网络相互沟通，这也是 DSRC 技术一开始就具有的能力，这种通信方式是基本能力；第二种是网络覆盖内（In-Coverage）、利用基站的辅助提供更好的通信能力。基于蜂窝的车联网技术这两种方式都会采用。

目前 C-V2X 已经在 2016 年完成第一个版本（3GPP Release 14），这个版本主要利用 ADAS 解决主动安全问题，目前 3GPP 正在制定基于 5G 新空口（5G New Radio，5G-NR）的 V2X 通信标准，目标是为部分的自动驾驶场景提供支持。

3GPP 制定的 C-V2X 技术可以实现车辆高速相对而行的场景，另外可以解决大量车辆场景下的通信拥塞，以及在有严重遮挡时的车车通信场景，C-V2X 通过 GPS 实现节点同步之后可提高通信效率，这都是 DSRC 系统所不具备的。本书在后面的章节中会专门对这两种技术进行比较，其中的一个观察结果是：与 DSRC 的物理层技术 IEEE 802.11p 相比，C-V2X 可以将有效通信距离增加一倍。对于用户来讲，这个距离就是碰撞前的预警时间，如果用 DSRC 所能做到的预警时间是 3～4 s，有了 C-V2X，预警时间可以增加到 8 s 以上，驾驶员就有更多时间对碰撞进行预测，并进行及时反应决策，当驾驶员多了 3～5 s 的决策时间，会更从容地应对现场的情况，降低事故发生率。汽车制造企业听到这个结果，它们同样有兴趣了解并采用 C-V2X 技术。同时，由于天然的优势，C-V2X 不仅仅解决车对车（Vehicle to Vehicle，V2V）的问题，还能非常自然地解决车对网络（Vehicle to Network，V2N）的问题。

3GPP 的 C-V2X 和 IEEE 的 802.11p 都是底层通信的协议。从应用的角度看，我们的目标是让 C-V2X 取代 DSRC 的物理层技术，完全跟 DSRC 的上层应用协议对接，而这部分采用今天国际自动机工程师学会定义的通信消息协议：SAE J2375 和 SAE J2945.1。

1.1.2　车联网的商业模式及发展

说到商业模式，车和车之间通信传递的是为保障安全所需要的信息，而这些安全类的服务，一般来讲是一种公共性的服务，几乎没有办法收费。那么行业为什么还要做这个事情，怎么提供盈利的商业模式？C-V2X 除车和车之外还希望把车和云连接起来，使得运营商介入到这里面，提供一些增值性的服务，把这个市场做大。未来这个市场的商业模式分三个方向，第一种是运营商模式，通过增值服务方式把 LTE 和 5G 通信模块装进去，有了这个能力之后再增加 V2V，运营商从通信角度带动 V2V 的发展。第二种模式，在美国，政府通过立法强制安装，目的是把交通事故降下来，解决伤亡率的问题。欧洲也是类似思路，正在考虑强制安装。第三种模式，在中国也极有可能发生，就是以路基模式 I2V 和 V2I 推动，运营商部署 V2N、V2I，通过政府或运营商在各个城市建立智能交通系统，比如电子路牌、电子信号灯，用户采用 ETC 的升级的方式安装 C-V2X 设备，并且基于这个能力带动车和车之间沟通的能力。三种模式在中国都有可能发生。但是具体落地还需要时间才能明确。我国在 2015 年 9 月 29 日国务院会议之后，国内成立了多个政府资助的示范工程，这里面有汽车制造企业、运营商和交通系统的介入，它们会在试验中不断碰撞融合，也许最后会总结出一些适合中国国情的商业模式。

另外，现在在其他一些场景中已经开始谈论 5G，5G 的出现跟车联网有什么关系？在前面已经说了，C-V2X 有两个模式，一个是 V2N 的模式，另一个是车对车（V2V）直接通信的模式，这两个模式整体组合造成了今天的 C-V2X。

未来5G是对现在讨论方案的一个增强补充。目前的LTE V2X在通信能力上还有一些改进的空间，5G增加这方面能力之后使汽车将来能够做一些更智能的事情，比如编队巡航。

说到车联网的未来发展，不得不说到频谱，在全球范围内达成的共识就是用5.9 GHz附近的频段支持智能交通系统。目前，我国已经正式发布车联网的使用频谱规定，同时还在研究5G V2X需要的频谱。

1.2 欧美地区现状、法规介绍

1.2.1 美国

2012年8月到2013年8月，为了推动车车通信技术和美国后续立法决策，美国交通部在密歇根州安娜堡东北部主导了基于车车、车路通信技术的“安全试点示范部署”项目（Safety Pilot Model Deployment），该项目侧重于较大规模使用效果的测试，收集的测试数据用以评价车到车的安全应用功能，评估支持车到基础设施安全应用消息方面的运营，以及全面了解道路安全原型系统的运营和实施特征。该项目为当时全球最大的车车、车路测试项目，测试路线长约118 km，包括29个路边设备和2800多辆各种类型的车辆（商业车队、公共汽车和私家车，车载设备包括64辆前装、300辆后装、2450辆只发不收设备）参与了测试项目。此项测试显示采用车车通信技术能够减少80%的非酒精类交通事故。由于该项目由密歇根大学领导，项目所在地也被称为

M-City（M 是 Michigan 的首字母）[1,2]。在安全试点示范部署项目测试验证的基础上，2014 年 8 月 NHTSA 公布了车车通信预立法草案，并于 2016 年启动了立法程序（NPRM）。由于各方面的问题，目前 NPRM 被暂停。现在的 NPRM 中只包括了 DSRC 技术，产业各方希望借助这个机会推进 C-V2X 技术，将 C-V2X 技术也加入到未来的 NPRM 中。

美国交通部在 2015 年推出了智能交通系统（ITS）新的五年（2015—2019）规划[3]。新的五年规划主题为“改变社会前进方式”，技术目标是“实现网联汽车应用”和“加快自动驾驶”。图 1-1 是五年规划定义的六个项目大类，包括：加速部署（Accelerating Deployment）、网联汽车（Connected Vehicles）、自动驾驶（Automation）、新兴能力（Emerging Capabilities）、互操作（Interoperability）和企业数据（Enterprise Data）。顶端的加速部署代表了所有项目的最终目标；网联汽车、自动驾驶和新兴能力是技术发展的三条路径；互操作和企业数据是 ITS 发展的基石。

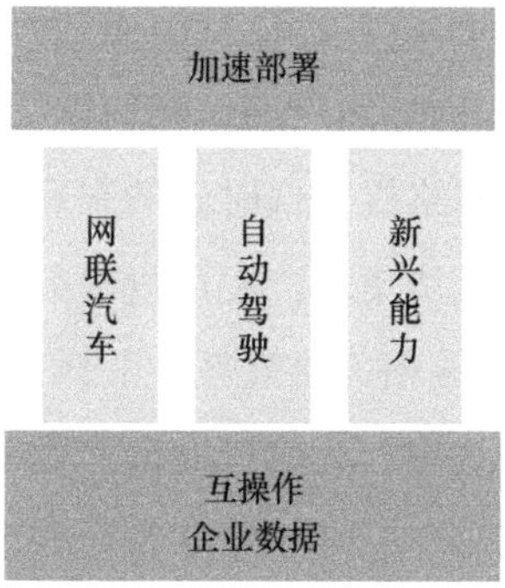

图 1-1　USDOT 五年（2015—2019）规划项目类型

1.2.2　欧洲

欧盟的车联网计划包括了政府资助项目、产业推动和立法强制三大措施。从 21 世纪初到现在，欧盟通过 FP5 （Frame Programme 5）、FP6（Frame Programme 6）、FP7（Frame Programme 7）和 Horizon 2020 资助了大量的车联网研究项目，积累了大量的研究成果。在欧洲，车车通信联盟（Car 2 Car

Communication Consortium，C2C-CC）是产业推动的主要动力，成员包括车企、配件商、运营商、研究机构在内的完整产业链。它的职能包括搜集产业需求并反馈给欧洲标准化委员会（European Committee for Standardization，CEN）和欧洲电信标准化协会（European Telecommunications Standards Institute，ETSI）制定标准、推动标准落地、组织产业测试等。在收到欧盟委员会委托后，CEN 和 ETSI 通过和国际标准化组织（International Standardization Organization，ISO）合作，制定了 ITSC（Intelligent Transportation Systems Communication）第一版标准。在 2014 年 2 月的 ETSI 第六届 ITS 论坛上，ETSI 和 CEN 正式宣布：ITSC 第一版标准已经全部完成并成为欧盟范围内的统一标准。目前，ETSI 和 CEN 正在制定第二版标准。图 1-2 为目前 CEN/ETSI 车联网标准体系。

标准体系大体上被分为应用层、设施/消息层、传输和网络层、接入层和横跨多层的安全/管理部分。在图 1-2 中分别列出了各层的主要标准，仅供各位读者参考和查阅。值得关注的是，随着 3G、4G 移动通信网络多年的发展，相当数量的汽车集成了 3G 和 LTE 网络通信模块以提供信息娱乐类服务。由此，产业界开始考虑利用 LTE 网络提供低时延的车联网通信，通过将汽车的行驶安全模块与现有 LTE 通信模块集成，利用规模效应降低车联网模块的成本。2015 年，3GPP 正式立项开展相关研究[4]，并于 2017 年 6 月完成了基于 LTE 的通信协议（LTE V2X）。其中，为响应交通产业测试和部署的需要，车车直接通信协议部分（LTE V2V）在 2016 年 9 月已先期完成。据悉，欧洲于近期开始调研、征集车联网方案，预计将在稍后启动立法程序。目前，欧洲 ITSC 物理层和 MAC 是基于 802.11p 协议，产业界正在积极推动，希望能将基于 LTE V2X 的车联网技术也加入立法规定中。作为其中的工作之一，2017 年产业界在 ETSI 发起了针对 C-V2X 的系列规范的制定和修订工作（包括修订和新制定）。同时，为了配合 C-V2X 成为全球 V2X 标准之一，产业界成立了 5G 汽车联盟（5G Automotive Association，5GAA），以推动 C-V2X 的产业化进程。

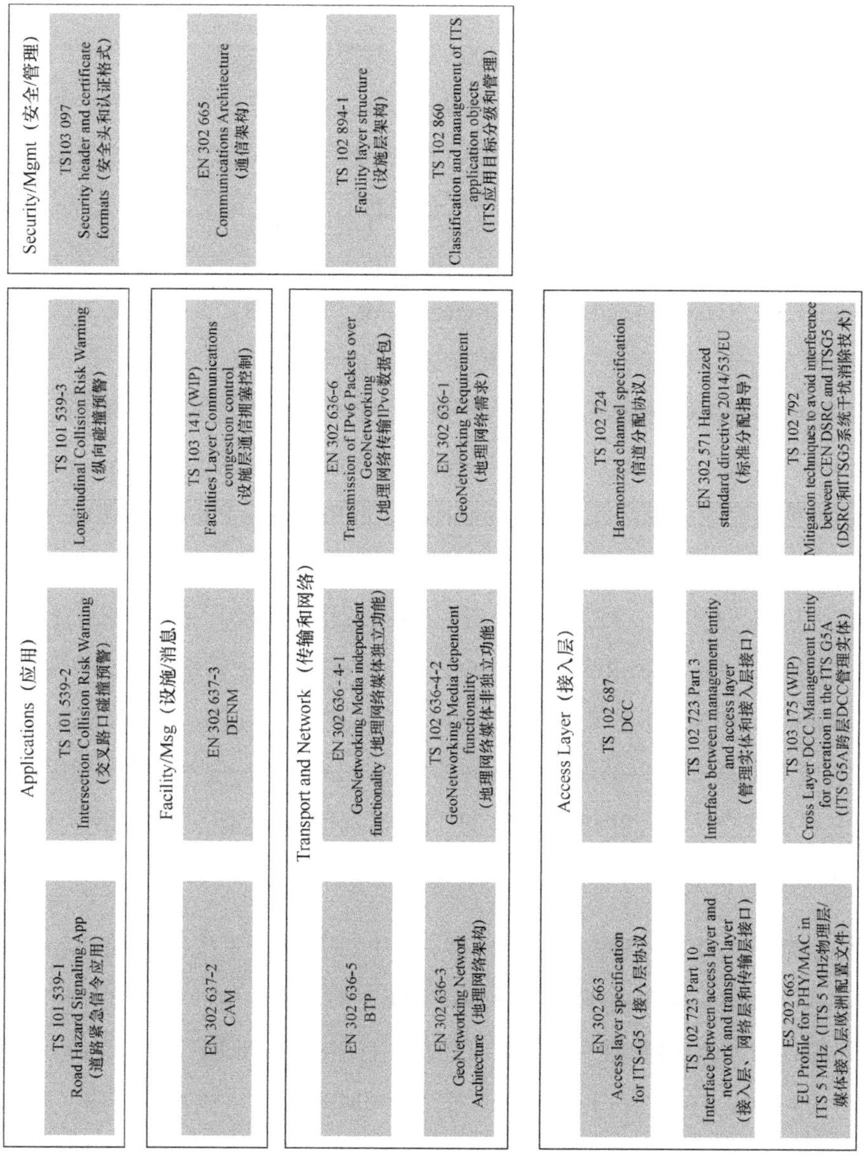

图 1-2　CEN/ETSI 车联网标准体系

同时，欧洲还正在建立基于 eCall 的事故救援体系，它支持在交通事故后自动或人工拨打报警中心电话，发送用于救援的最小数据集信息（位置、事故时间、严重程度和乘客数目等）。2005 年，欧盟委员会委托 ETSI 和 CEN 制定了 eCall 标准。2008 年，ETSI 和 3GPP 合作完成了基于带内调制解调的无线通信部分的标准。2011 年 1 月，为了协调欧盟各国部署紧急车载报警系统，完善各国边境事故的处理，在欧盟委员会资助下，欧盟九国（克罗地亚、捷克、芬兰、德国、希腊、意大利、荷兰、罗马尼亚和瑞典）共同发起欧盟 eCall 协调示范项目（Harmonised eCall European Pilot，HeERO）[5]。HeERO 以 112 报警系统为平台，验证了 eCall 系统在边境的互操作和跨国协调性能。2013 年 1 月，比利时、保加利亚、丹麦、卢森堡、西班牙和土耳其加入 HeERO 二期。2015 年年底，HeERO 二期项目结束，进入第三阶段的欧盟 eCall 基础设施协调示范项目（Infrastructure Harmonised eCall European Pilot，i_HeERO）[6]。i_HeERO 重点关注公共安全应答点（Public Safety Answering Point，PSAP）建设与跨国协调、PSAP 一致性验证、研究 PSAP 数据集成等，为下一代 112 系统升级做准备。通过 HeERO、i_HeERO 的验证，eCall 系统显示了稳定的性能。在此基础上，2015 年俄罗斯首先强制执行基于 eCall 的 ERA GLONASS，要求自 2017 年起所有上路的新车必须配装 ERA GLONASS 设备。欧盟 2015 年 3 月 28 日通过立法，从 2018 年 3 月 31 日开始执行 eCall 标准，之后所有的新车必须加装 eCall 设备[7]。

随着全球 LTE 网络的大规模部署以及 IP 多媒体子系统（IP Multimedia Subsystem，IMS）和 VoLTE（Voice over LTE）的逐步商用，并考虑到未来运营商可能逐渐淘汰电路域网络，业界开始探讨在 IMS 和 VoLTE 阶段支持 eCall 功能。在欧洲，2014 年 ETSI 已经对基于 IMS 的下一代紧急呼叫（Next Generation eCall，NG eCall）进行了研究，并完成了研究报告 TR103 140。同时，国际互联网工程任务组（The Internet Engineering Task Force，IETF）在 2016 年完成相应 NG eCall 信令和流程制定工作。3GPP 的 NG eCall 相关规范也已于 2017 年完成。

1.3　车联网、智能交通与智能网联汽车

1.3.1　智能网联汽车

在实施制造强国战略的发展规划过程中，工业和信息化部委托中国汽车工程学会牵头制订“节能与新能源汽车”技术路线图，并于 2016 年发布了《节能与新能源汽车技术路线图》[8]，形成了“1+7”的总体技术路线图，即包括总体研究、节能汽车、纯电动和插电式混合动力汽车、燃料电池汽车、智能网联汽车、汽车制造技术、动力电池技术和汽车轻量化技术。该技术路线图中明确了智能网联汽车的定义：“智能网联汽车是指搭载先进的车载传感器、控制器、执行器等装置，并融合现代通信与网络技术，实现车与 X（人、车、路、云等）智能信息交换、共享，具备复杂环境感知、智能决策、协同控制等功能，可实现‘安全、节能、高效、舒适’行驶，并最终可实现替代人来操作的新一代汽车。”从该定义中，可以看出智能网联汽车主要包括环境感知、智能决策和协同控制三大系统，而支撑环境感知的装置和技术主要包括车载单车传感器（包括各种雷达、摄像头、加速度传感器等）、通过现代通信以及网络技术（包括蜂窝移动通信、V2X 通信以及精确定位等技术）获得更远距离的感知范围的“传感器”以及融合多种感知信息的多传感器融合技术等。进一步地说，该技术路线针对智能网联汽车的“智能”和“网联”分级分别进行了细化，其中“智能化”的具体分级见表 1-1，而“网联化”的具体分级则见表 1-2。

表 1-1 智能化分级

智能化等级	等级名称	等级定义	控制	监视	失效应对	典型工况
人监控驾驶环境						
1（DA）	驾驶辅助	系统根据环境信息执行转向和加减速中的一项操作，其他驾驶操作都由人完成	人与系统	人	人	车道内正常行驶，高速公路无车道干涉路段，泊车工况
2（PA）	部分自动驾驶	系统根据环境信息执行转向和加减速操作，其他驾驶操作都由人完成	人与系统	人	人	高速公路及市区无车道干涉路段，换道、环岛绕行、拥堵跟车等工况
自动驾驶系统（“系统”）监控驾驶环境						
3（CA）	有条件自动驾驶	系统完成所有驾驶操作，根据系统请求，驾驶员需要提供适当的干预	系统	系统	人	高速公路正常行驶工况，市区无车道干涉路段
4（HA）	高度自动驾驶	系统完成所有驾驶操作，特定环境下系统会向驾驶员提出响应请求，驾驶员可以对系统请求不进行响应	系统	系统	系统	高速公路全部工况及市区有车道干涉路段
5（FA）	完全自动驾驶	系统可以完成驾驶员能够完成的所有道路环境下的操作，不需要驾驶员介入	系统	系统	系统	所有行驶工况

表 1-2 网联化分级

网联化等级	等级名称	等级定义	控制	典型信息	传输需求
1	网联辅助信息交互	基于车–路、车–后台通信，实现导航等辅助信息的获取，以及车辆行驶数据与驾驶员操作等数据的上传	人	地图、交通流量、交通标志、油耗、里程等信息	传输实时性、可靠性要求较低
2	网联协同感知	基于车–车、车–路、车–人、车–后台通信，实时获取车辆周边交通环境信息，与车载传感器的感知信息融合，作为自车决策与控制系统的输入	人与系统	周边车辆/行人/非机动车位置、信号灯相位、道路预警等信息	传输实时性、可靠性要求较高

（续表）

网联化等级	等级名称	等级定义	控制	典型信息	传输需求
3	网联协同决策与控制	基于车–车、车–路、车–人、车–后台通信，实时并可靠获取车辆周边交通环境信息及车辆决策信息，车–车、车–路等各交通参与者之间的信息进行交互融合，形成车–车、车–路等各交通参与者之间的协同决策与控制	人与系统	车–车、车–路间的协同控制信息	传输实时性、可靠性要求最高

图 1-3 给出了“智能化”和“网联化”分级的具体关系（其中，纵轴为网联分级，横轴为智能分级），从中可以看出，作为智能网联汽车的两大组成部分，“智能”和“网联”是不可分割、互为补充和相互促进的。

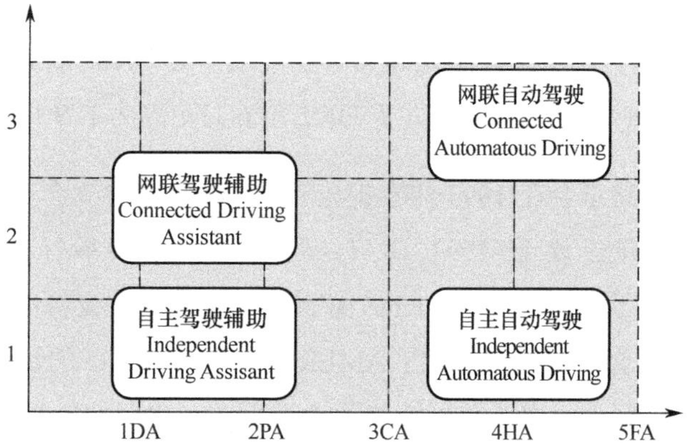

图 1-3　智能化和网联化分级映射

1.3.2　智能交通

广义上的智能交通系统（Intelligent Transportation System，ITS）是一个比较广泛的概念。20 世纪第二次世界大战后，全球社会经济发展大幅促进了交通业的迅速发展，尤其道路交通更是发展迅速。美、日、欧等发达国家和地区从 20 世纪 50、60 年代开始大力发展汽车工业和道路基础设施，形成了以道路交通方式为主，其中又以私人汽车为主的交通运输业。到了 70 年代，随着这种交通方式不合理性的逐渐暴露，发达国家开始大力发展以城市公共交通为主的公共交通，然而仍然无法解决交通事故、交通拥堵、交通污染的通病。于是各国从 20 世纪 60、70 年代开始寻找解决的方法，最终达成共识认为交通发展的趋势为两个“I”，即智能交通系统（ITS）与一体化交通信息系统（Integrated Transport Information System，ITIS）。

在智能交通系统的名称出现之前，以美国、欧共体国家、日本为首的各个国家已经开始了相关方面的研究，不过此时名称并未统一。美国称之为智能车路系统（Intelligent Vehicle-Highway System，IVHS），并于 1990 年成立了美国智能车路学会（Intelligent Vehicle-Highway Society of AMERICA，IVHS AMERICA）。欧洲称之为先进运输技术（Advanced Transport Technology，ATT），于 1993 年成立了欧洲道路运输通信实施协调组织（European Road Transport Telematics Implementation Coordination Organization，ERTICO）。日本则于 1994 年 1 月成立了车辆道路与智能交通学会（Vehicle, Road and Traffic Intelligence Society，VERTIS），并于 2001 年 6 月更名为 ITS Japan。

美国智能车路学会在 1993 年春提出召开 IVHS 世界大会，欧洲 ERTICO 响应了该号召并建议于 1994 年 11 月在法国巴黎举行并提议定名为 ATT&IVHS 世界大会，日本 VERTIS 在此之后成立并建议将世界大会的名称定为 ITS 世界大会，得到了 IVHS AMERICA 和 ERTICO 的赞同。1994 年 9 月美国智能车路学会更名为美国智能运输学会（Intelligent Transport Society of AMERICA，ITS AMERICA），每年的大会也以此命名。从此这方面的研究有了统一的名称：智能运输系统[11]。1992 年，国际标准化组织（ISO）设立了 204 技术委员会（TC204），即交通信息与控制系统技术（TICS）委员会，全面负责智能交通领域的标准化工作。2001 年 4 月，在夏威夷的全体会议上，一致通过将 TC204 更名为“智能运输系统（ITS）技术委员会”。

2010 年 7 月 7 日，欧盟将 ITS 定义为将现代信息和通信技术用于公路运输领域，包括基础设施、车辆和用户、交通管理和出行管理以及与其他运输方式的接口[10]。ITS 可以有效改善运输效率的各个方面，如道路运输、交通管理、出行管理等。

智能运输系统的技术应用各异，除基本的系统如汽车导航、交通信号控制系统、集装箱管理系统、可变消息标志、自动车牌识别和测速摄像头监控等，还包括对一些实时数据，如停车信息、天气信息、道路施工信息等的传播。从广义的智能交通系统上来说，其既包括上述车联网的各项技术，也包括智能网联汽车或者自动驾驶汽车在内的各个要素。下面介绍智能交通中的主要技术。

无线通信技术：智能交通系统提出了各种形式的无线通信技术，或者说各种无线通信技术在智能交通系统均有广泛应用，包括蜂窝移动通信系统（2G/3G/4G 以及 5G 等）、短距离通信技术（如 DSRC）、Wi-Fi 技术和 C-V2X 技术等，上一小节描述的车联网技术也属于其中的一部分使能技术。

计算与微处理技术：随着汽车电子技术的进步与发展，汽车的车载计算机处理器能力越来越强。许多车辆目前已经具备了强大的线下计算能力以处理包括车辆控制、感知计算等各类业务。

感知技术：对于车辆而言，类似于智能网联汽车中的各种感知技术，目前已广泛应用到智能交通系统中。其应用的范围不仅仅局限于车辆，也包括各种路边设施、控制中心、服务平台等各个环节。

图像识别及处理技术：其应用包括车牌识别、测速摄像头、交通监控等各个方面。

参考文献

[1] USDOT. About DOT's Safety Pilot "Model Deployment"[OL]. http://www.its.dot.gov/safety_

pilot/ pdf/Technical_FactSheet_Model_Deployment.pdf.
[2] DOT HS 812 171 Safety Pilot Model Deployment Test Conductor Team Report[R/OL]. 2015-06.https://www.nhtsa.gov/sites/nhtsa.dot.gov/files/812171-safetypilotmodeldeploydeltestcondrtmrep.pdf.
[3] USDOT. ITS Photos Courtesy of USDOT 2015–2019 STRATEGIC PLAN[OL]. https://www.coursehero.com/file/24431214/strategicplanpdf/.
[4] LGE. Proposed study on LTE-based V2X：S1-150284[S]. 3GPP SA1 #69, Feb. 2015.
[5] HeERO Project[OL]. http://www.heero-pilot.eu.
[6] I_HeERO Project[OL]. http://iheero.eu/.
[7] ETSI News. European Parliament makes eCall mandatory from 2018[OL]. May 7th, 2015. http://www.etsi.org/news-events/news/960-2015-05-european-parliament-makes-ecall-mandatory-from-2018.
[8] 节能与新能源汽车技术路线图战略咨询委员会，中国汽车工程学会. 节能与新能源汽车技术路线图[G].北京：机械工业出版社，2016.
[9] DIRECTIVE 2010/40/EU OF THE EUROPEAN PARLIAMENT AND OF THE COUNCIL of 7 July 2010[OL]. http://eur-lex.europa.eu.
[10] 贺国光. ITS 系统工程导论[M]. 北京：中国铁道出版社, 2004：53–62.
[11] ETSI. Intelligent Transport Systems (ITS) – Communication Architecture: EN 302 665 v1.1.1[S].
[12] SAE. Dedicated Short Range Communications (DSRC) Message Set Dictionary: J2735[S/OL]. https://www.sae.org/standardsdev/dsrc/.
[13] ETSI. Intelligent Transport Systems (ITS); Vehicular Communications: Basic Set of Applications; Part 2: Specification of Co-operative Awareness Basic Service: EN 302 637-2[S].
[14] ETSI. Intelligent Transport Systems (ITS); Vehicular Communications; Specification of Decentralized Environmental Notification Basic Service: EN 302 637-3[S].
[15] 中国汽车工程学会，中国智能交通产业联盟. 合作式智能运输系统车用通信系统应用层及应用数据交互标准[S]. 2017-09.
[16] 3GPP. Study on LTE support for Vehicle to Everything (V2X) services: TR22.885 v14.0[R]. Dec. 2015.
[17] Future Forum&TIAA 车联网联合工作组. 智能网联汽车基本应用白皮书[R]. 2016-11.
[18] Future Forum&TIAA 车联网联合工作组. 智能网联汽车连接能力评测白皮书[R]. 2017-11.
[19] 5GAA. 5GAA 技术报告[R/OL]. http://5gaa.org/5gaa-in-motion/news/#position-papers.
[20] 智能汽车智慧交通齐步走 京冀合力构建智慧交通系统[N/OL]. 河北日报，人民日报，北京日报等. http://www.sohu.com/a/56687513_119586.
[21] 邓世雄，赵新才.中国道路交通事故流行趋势与特征[J]. 重庆：重庆医学，2004,33(7).

第 2 章　通信技术（3G/4G）演进对车联网的影响

车联网（Internet of Vehicle，IoV）的概念源于“物联网”（Internet of Thing，IoT）。车联网可以被看作物联网的一个特定领域，它是一种旨在将车辆以及与车辆行驶相关的包括道路基础设施、行人、公众电信网及与车载服务相关的云平台和服务平台相连接的泛在网络，广义上的车联网还包括车内网络，如车内控制器局域网络（Controller Area Network，CAN）、以太网（Ethernet）、Wi-Fi、蓝牙等。

如果我们把收音机广播看作一种单向和广播式的通信系统，那么早在 20 世纪 20 年代，面向大众消费者的汽车和通信系统就有了第一次亲密接触：1922 年，雪佛兰推出了世界上第一款搭载西屋公司收音机的车型，将汽车与广播电台的网络连接了起来，这可以看作车联网最早的应用。

近百年后的今天，收音机广播仍是车载系统和车载应用中的重要一员。但它仅能进行单向通信，汽车（其实是驾乘人员自己）只能被动接收电台广播的信息，无法满足双向信息交互的需求，也无法和车辆进行信息交互、应用，业务场景极其单一。真正满足车联网需求和助推车联网不断演进的是近几十年里获得飞速发展的蜂窝移动通信技术。

第 1 代蜂窝移动通信系统采用模拟技术，基于分离式元件和电子管器件，仅支持模拟语音业务，具有体积庞大和业务单一的缺点，并没有在汽车上获得实质性应用。

第 2 代蜂窝移动通信系统采用数字时分多址或码分多址技术，支持数字语音、短信和低速数据业务。晶体管和大规模集成电路芯片的使用使 2G 终端体积大大缩小，而2G的业务功能又较为全面，移动通信技术开始在汽车上成规模地使用。

第3代蜂窝移动通信系统使用宽带码分多址、自适应信道编码调制、混合自动重传请求（Hybrid Automatic Repeat reQuest，HARQ）和高效声码器等技术，能更有效地支持更高质量的数字语音业务（包括高清语音通话）、中高速（384 kbps到几十兆比特每秒）数据服务和辅助全球卫星定位系统（Assisted Global Positioning System，AGPS）业务等。终端尺寸的进一步减小和业务能力的大幅提升，吸引了越来越多的车商和汽车远程服务提供商（Telematics Service Provider，TSP）通过前装或后装的方式把3G通信模组集成或加装到汽车上，以提供各种人工导航与咨询、远程维护、信息娱乐、跟踪派遣等车载信息服务。在3G时代，技术演进、产品迭代和业务创新相互促进，这使得车联网真正走向大众化和走上高速发展阶段。为了更好地支持车载紧急报警业务，3GPP和ETSI还在3G的基础上专门定制化地开发了eCall技术，我们将在本书的第4章对eCall进行详细介绍。另外，2G使用单向认证，存在车辆被诱骗接入到GSM伪基站的风险，并可能因此遭受伪造指令和逆向工程等安全攻击；但3G引入双向认证，当卡、终端和网络都支持3G时，要求必须使用双向认证，这样就可以避免接入2G GSM伪基站那样的安全风险。

第4代蜂窝移动通信系统使用正交频分复用、更高阶调制、载波聚合、多入多出技术（Multiple-Input Multiple-Output，MIMO）、纯PS（Packet Switch）、VoLTE等技术，在业务上实现语音IP化、支持更高速的数据（从几十兆比特每秒到吉比特每秒），4G帮助车载信息服务在高端和很多中端车型中得到普及。同样地，为了更好地支持4G下的车载紧急报警业务，3GPP和ETSI在VoLTE的基础上专门定制化地开发了NG-eCall技术，我们将在本书的第5章对NG-eCall进行详细介绍。4G中还有一个专门为车联网开发的技术，这就是LTE-V2X技术，该技术使得很多智能辅助驾驶功能和智能交通功能可以更好地实现，我们将在本书的第6章介绍LTE-V2X技术。

第5代蜂窝移动通信系统使用正交频分复用、LDPC码、毫米波、灵活带宽、自包含子帧结构、灵活时隙、大规模 MIMO 等技术，实现增强移动宽带（eMBB）、超高可靠超低时延（uRLLC）和海量物联网（mMTC）三种业务场景和能力，其中的前两个业务能力都和车联网相关。另外 C-V2X 会在 5G 框架下进一步演进。

前面归纳总结了各代移动通信技术与对应的汽车通信用例，接下来介绍汽车通信的一些技术。在图 2-1 中，将汽车通信分为三个阶段，分别是汽车电子（Telematics）、网联汽车（Connected Car）和云化汽车（Cloud Vehicle）。

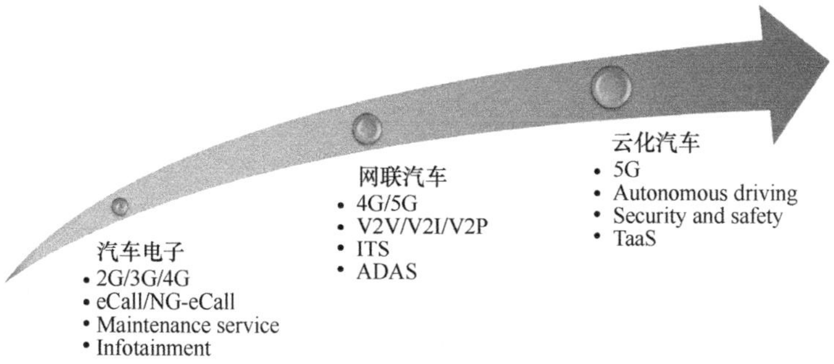

图 2-1　移动通信制式和车联网发展阶段示意图

通过对三个阶段的分析，可以发现移动通信系统造就了车联网，车联网的发展依托于移动通信技术的演进，其发展大致可以分为下面几个阶段。

第一个阶段：基于 2G、3G 以及 4G LTE 蜂窝通信网络的语音和数据通信能力，以汽车信息娱乐和 eCall 为代表的远程信息处理业务；

第二个阶段：基于 4G 和 5G 中的 C-V2X 通信技术将网联汽车（Connected Car），提供包括车到车（Vehicle to Vehicle，V2V）、车到人（Vehicle to Pedestrian，V2P）、车到交通基础设施（Vehicle to Infrastructure，V2I）等在内的通信方式，旨在提升行车安全、提高交通效率，从而保障交通安全，减少交通事故的发生，以及提高通行效率、降低交通拥堵和排放；

第三个阶段：基于 5G，将汽车边缘计算与云端实时连接，结合高精度位置信息，提供自动驾驶、编队行驶等业务，并最终实现完全自动驾驶，预计那时会出现出行云业务提供商，提供运输即服务（Transportation as a Service，TaaS）。

目前，产业正处于第一阶段向第二阶段的过渡时期。

可以看出，车联网不同阶段的发展与智能网联汽车的“网联化”分级不谋而合，而车联网的各个阶段和移动通信技术的融合也是最终实现自动驾驶的关键使能技术。

第 3 章　车联网技术架构

基于通信的车联网技术遵循了 7 层网络模型。同时，对于系统架构、安全、测试、用户数据等相对独立又横跨多层的重要功能实体进行了重点考虑。

车联网标准的推动和移动通信相似，来源于不同厂家的汽车之间能互相通信，以享受最大的技术红利。本章调查研究了美国、欧洲和 ISO 的标准体系，并重点介绍中国的标准体系。中国的车联网概念是一个很大的概念，包括智能网联汽车、智能交通、信息通信和车辆智能管理和电子产品与服务五个方面，中国车联网产业标准体系建设结构图如图 3-1 所示。虽然本书重点关注信息通信系统和技术，但是 3.2.4 节中将完整地介绍整个标准体系的组成及主要概念，以便于读者了解全貌。

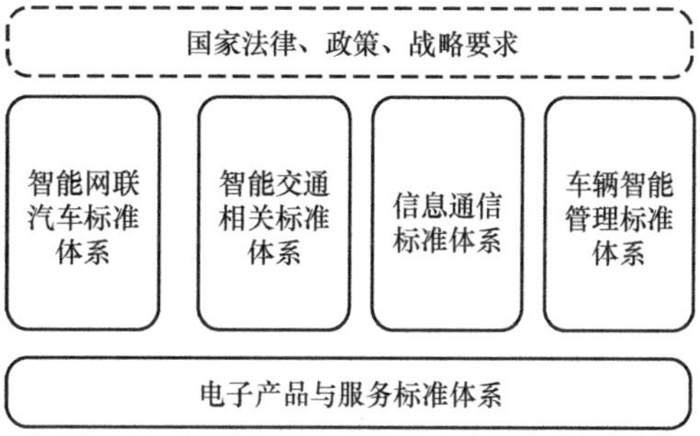

图 3-1　中国车联网产业标准体系建设结构图

3.1　车联网架构

以通信为目的的车联网架构可以按照通信协议的模型分为：应用（Application）、消息和设施（Message/Facility）、网络（Networking）、适配

（Adaptation）、链路（LLC）和媒体接入（MAC）以及物理层（PHY）。同时，作为支撑部分，还有安全（Security）、设备配置文件（Device Profile）、测试方法（Test Method）、总体架构（Overall Architecture）等几个部分。

本书的剩余部分将按照图 3-2 的 V2X 协议架构组织介绍，尽量从协议架构方面全面描述车联网通信技术。同时，本书还叙述了未能纳入架构的频谱等重要因素，以供读者参考。

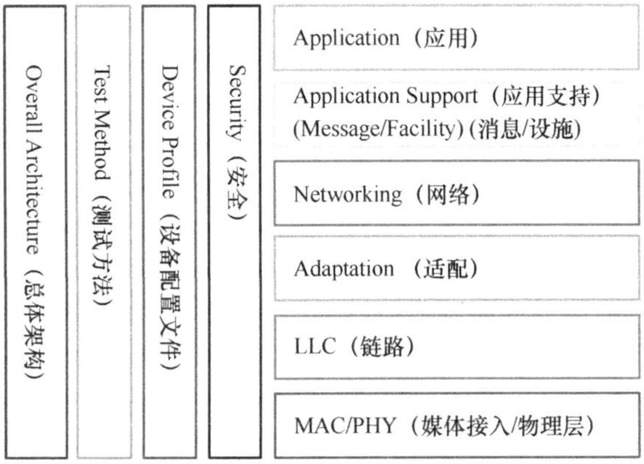

图 3-2　V2X 协议架构

3.2　车联网标准体系

本节介绍了各个国家及地区车联网通信部分的标准体系和相应的标准组织。美国和欧洲的标准架构比较类似，都是按照七层协议模型定义了通信模块。而 ISO 模型更关注整车的通信，DSRC 等通信部分只是其中的一个组成部分。我国的车联网产业标准体系包括总体要求、智能网联汽车、信息通信、电子产品和服务等部分。

图 3-3 进一步列出了上文提及的各个车联网相关的标准组织及其标准与标准体系的对应。图中没有列出 5G V2X，但这个技术与 3GPP R14 的 LTE-V2X 都属于 IP 层以下的。

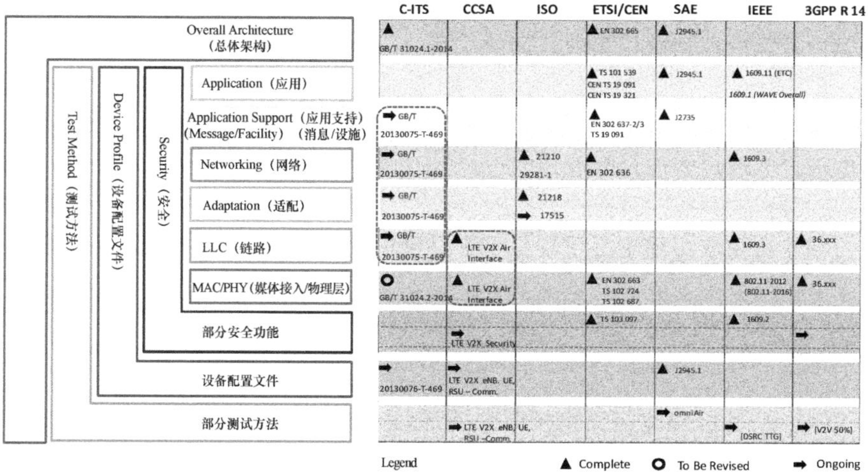

图 3-3　V2X 架构与标准组织对应图

3.2.1　美国

1991 年美国根据颁布的联邦地面交通效率法案（ISTEA），启动了制订智能交通系统（ITS）的计划，以对智能运输系统（ITS）进行研究，进行开发和操作性测试，并促进其实施。该计划旨在促进技术的部署，提高地面交通的效率，以及安全性和便利性，从而改善通路，挽救生命，节省时间，提高生产效率。

美国国家智能交通架构，是联邦智能交通计划中的重要技术成果，国家 ITS 架构作为一个明确的技术框架，用于指导 ITS 的部署。2017 年 6 月，美国交通部发布了“合作式智能交通参考架构”（ARC-IT）。ARC-IT 是对国家智能交通架构的重大升级，其内容覆盖了网联车智能交通参考架构（CVRIA）

版本 2.2 和美国国家智能交通架构版本 8.1 的所有范围和内容。ARC-IT 提供的统一框架涵盖了所有的 ITS，包括所有的网联车辆应用。

合作式智能交通参考架构从以下四个维度描述智能交通系统[4]：

（1）从组织角度考虑 ITS。ARC-IT 确定了利益相关的组织（或企业）在整个规划、开发、运营、维护和使用 ITS 架构中的位置和作用，它定义了利益相关者角色和利益相关者之间的关系。

（2）从功能角度看待 ITS。定义了支持 ITS 用户的功能需求，流程和数据流提供了支持需求的功能和交互的结构化表示。

（3）从物理实体定义了提供 ITS 功能的物理对象（系统和设备）。信息流定义了物理对象之间的信息流，功能对象组织在每个物理对象内支持 ITS 所需的功能。

（4）从通信角度定义物理对象的通信方式。它将通信标准和配置文件定义为通信解决方案，指定如何在物理对象之间可靠、安全地共享信息。具备中间节点的解决方案，其通信视图如图 3-4 所示[5]。

车载装置通信协议由下至上包括：物理层（Physical Layer），数据链路层（Data Link Layer），网络层（Network Layer），传输层（Transport Layer），会话层（Session Layer），表示层（Presentation Layer），应用层（Application Layer），智能交通应用信息层（ITS Application Information Layer）。

路边设备通信协议由下至上包括：物理层，数据链路层，网络层，传送层，会话层。

业务监控系统侧通信协议由下至上，与车载单元侧相对应，通信协议包括：物理层，数据链路层，网络层，传输层，会话层，表示层，应用层，智能交通应用信息层。

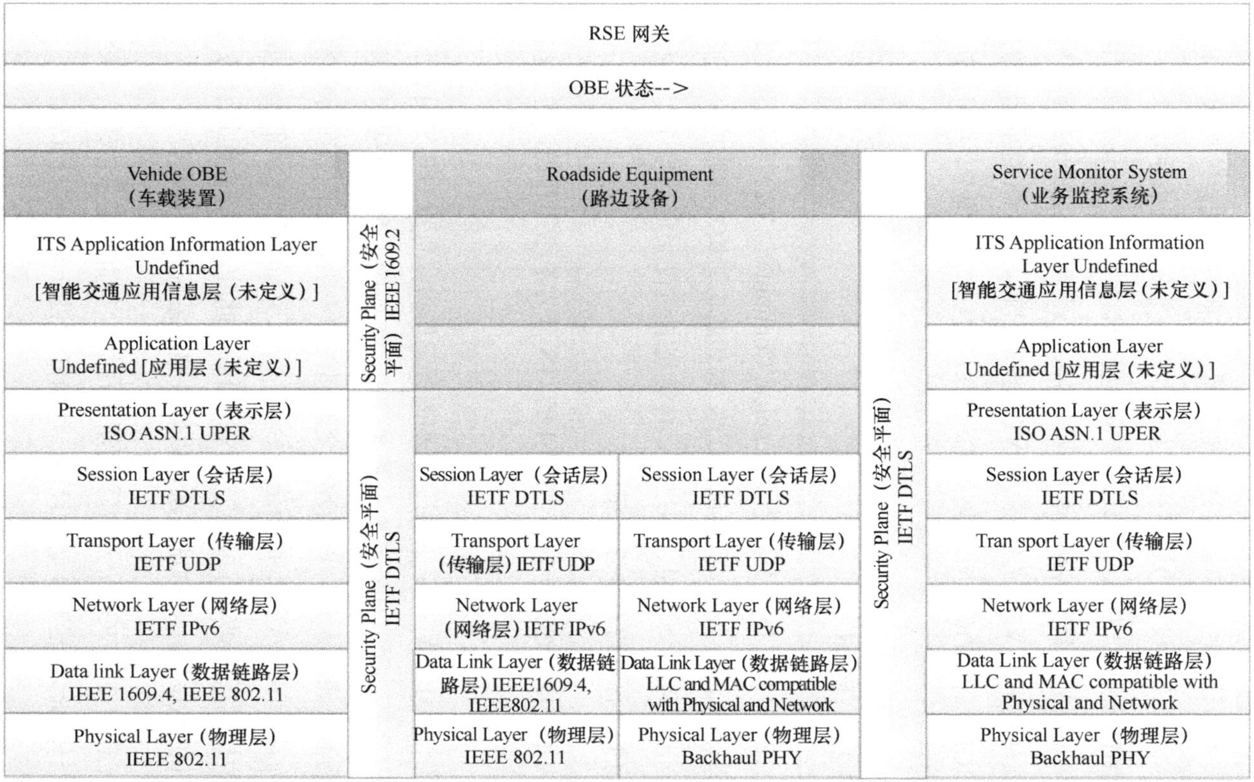

图 3-4　美国国家智能交通参考架构（通信视图– Communication View）[5]

美国国家智能交通参考架构如图 3-4 所示，ARC-IT 架构在各层参考和引用的技术协议反映了美国前期智能交通技术研究和试验的结果。其安全面在车载装置和路边设备的通信接口上，分为两部分。在表示层以下，安全方案采用 IETF 制定的 DTLS 协议，在表示层以上参考 IEEE 1609.2。用于车载装置和路边设备的数据链路层和物理层协议仅列出了 IEEE 802.11 技术。随着蜂窝车联网技术 C-V2X 的发展，C-V2X 技术引起美国 ITS 行业极大的关注，未来由 3GPP 制定的蜂窝车联网技术将会成为技术的一部分，并可能进行大规模的部署。

3.2.2 欧洲

ETSI 的 ITS 技术委员会（Technical Committee，TC）负责开发 ETSI 的智能交通标准。其标准体系中包括 ITS 整体通信架构、拥塞控制等管理机制、安全标准，以及物理层、网络层、传输层的协议制定。此外，技术委员会还负责将 ITS 标准进行全球化推广。

为了完成上述工作内容，ETSI 的 ITS 分为 5 个工作组，各工作组的职责如下：

工作组 1（WG1）：应用需求和服务工作组，负责 ITS 应用和服务需求的制定。需求的收集对象可来自乘客、汽车工业的人员、交通网络操作员、货运和物流公司的人员，以及政府交通部门的人员。工作组在协调各方的需求后，为基于 V2V/V2I 的应用进行分类，定义支持 V2V/V2I 的基本应用功能、服务和接口，并规定应用程序协议和消息。此外，该工作组还会考虑一致性、互操作的测试过程和测试方法，以促进整个系统的协调和优化。

工作组 2（WG2）：架构和跨层工作组，负责制定总体架构和处理跨层问题，具体内容包括 ITS 架构设计、通信架构设计和跨层设计等。

工作组 3（WG3）：传输和网络工作组，负责完成数据传输和网络协议层的设计以及管理，具体包括制定不同应用服务的网络架构，协调所有 ITS 系统的网络架构以及协议架构，将专用 ITS 网络协议和传输协议与 Internet 协议和移动 IP 协议相结合，解决接入网之间的互联问题，确保网络和数据传输协议的有效性、可扩展性和可靠性。

工作组 4（WG4）：媒介以及媒介相关的工作组，负责完成 ITS 的层 1 和层 2 的标准化工作。

工作组 5（WG5）：安全工作组，负责安全相关的技术规范，包括确保 ITS 解决方案符合隐私、数据保护、合法拦截和数据保留的监管要求，管理、协调 ITS 通信和制定数据传输安全规范，以及对候选协议和网元的安全性进行分析等。

上述各工作组将协调工作，完成 ETIS 中 ITS 的相关标准输出，输出的标准类型包括：EG（ETSI Guide）、TR（Technical Report）、TS（Technical Specification）、ES（ETIS Standard）和 EN（European Standard）。图 1-2 和图 3-5 分别是 ITS-G5 各工作组的标准体系和对应关系。

3.2.3　ISO

CALM 作为首字母缩略词，最初表示的是 Continuous Air-interface Long and Medium range（中、长距离连续空中接口），后来演进为 Communications Access for Land Mobiles [6]（地面移动通信接入）。CALM 的目标是制定一个分层的解决方案，以使得车和基础设施之间、车车之间可以进行连续的或者准连续的通信。CALM 通信架构在 ISO 21217 中描述。ISO 21217 以智能交通台站（ITS-Station）为对象描述了 CALM 通信核心的接口，该架构与本书 3.2.2 节中描述的架构一致。V2X 协议架构与 ITS-G5 工作组对应关系如图 3-5 所示，读者可参考图 3-5，了解 IN、MI、SI 及相关接口。

ISO 智能交通系统协议体系如图 3-6 所示，该体系为跨越多种通信模式和多种传输方法的各种通信场景定义的一套通信协议和空中接口。国际标准化组织智能交通委员会第 16 工作组——ISO TC 204 WG16，自 2000 年以来一直在推动 CALM 的概念和架构的演进，以实现 CALM 功能具备互操作性。

在该协议体系中，网络层以 IPv6 为基础，实现了 ITS 应用业务和通信技术设施的分离。除了 IPv6，CALM 还支持非 IP 的网络层技术，例如用于时间敏感的安全快速传递消息的 CALM FAST，但是 CALM 不支持 IP 和非 IP 网络之间的异构网络切换。

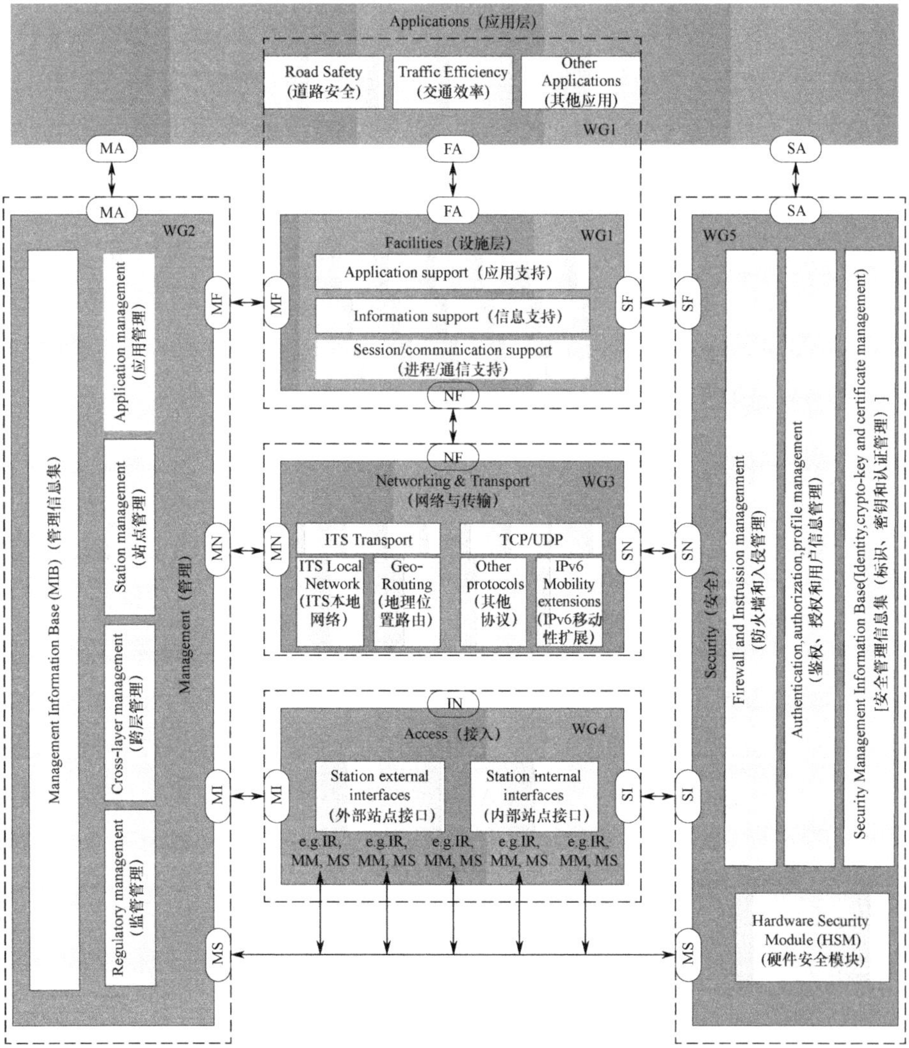

图 3-5　V2X 协议架构与 ITS-G5 工作组对应关系

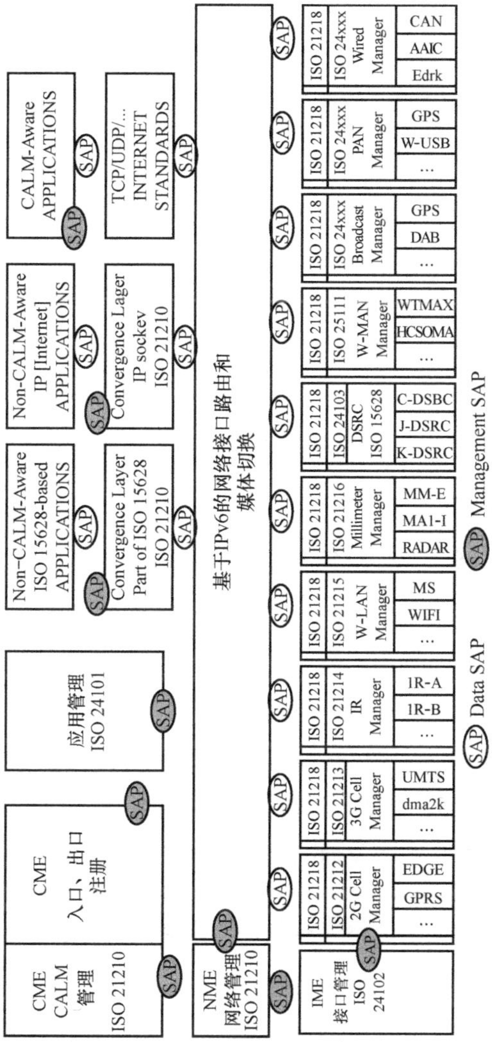

图 3-6　ISO 智能交通系统协议体系

从图 3-6 可知，CALM 在接入层包含多种协议技术，这其中既包含 ITS 的专用无线通信技术 DSRC，也包含公共无线通信技术，比如，支持第二代移动通信技术 GPRS/EDGE 的 ISO 21212，支持第三代移动通信技术 UMTS 的 ISO 21213，以及支持无线局域网 WLAN 技术的 ISO 21215。为了在 CALM 通信架构中适配所有接入技术，要求所有接入技术支持统一的通信接口（Communication Interface，CI），ISO 21218 制定了 CALM 媒体接入服务点 IN-SAP，描述了 CALM 通信架构定义的 CAL 和 MAE 接口，规范接入层网络层的接口，这一接口适用于所有接入技术。

3.2.4 中国

3.2.4.1 概述

为了加快并推动我国车联网的发展，发挥技术标准的规范和促进作用，2017 年 9 月，工业和信息化部、国家标准化管理委员会会同有关单位和组织开展了《国家车联网产业标准体系建设指南》系列文件的编制工作，内容包括总体要求、智能网联汽车、信息通信、电子产品和服务等部分。按照该标准体系，其总体建设目标为：针对车联网产业“十三五”发展需要，加快共性基础标准制定，加紧研制自动安全及辅助驾驶相关标准、车载电子产品关键技术标准、无线通信关键技术标准、先进驾驶辅助系统（ADAS）标准、面向车联网产业应用的 5G eV2X 关键技术标准制定，满足产业发展需求。到 2020 年，基本建成国家车联网产业标准体系。

我国车联网产业标准体系建设结构图可参见图 3-1，车联网产业技术结构图如图 3-7 所示。

按照《国家车联网产业标准体系建设指南》，车联网产业中车（智能网联汽车）、网（信息通信）、路（智能交通相关）、牌（车辆智能管理）和电子产品与服务五大重点领域的标准可分为感知层（端）、网络层（管）和应用层（云）三个层次。感知层包含具有感知能力的智能网联汽车和各种基础设施。网络层解决车与车、车与路、车与设施、车与人等的互联互通。应用层是综合信息平台，主要面向各种车联网产业的应用，需要构筑数据平台、运营平台和支撑平台。

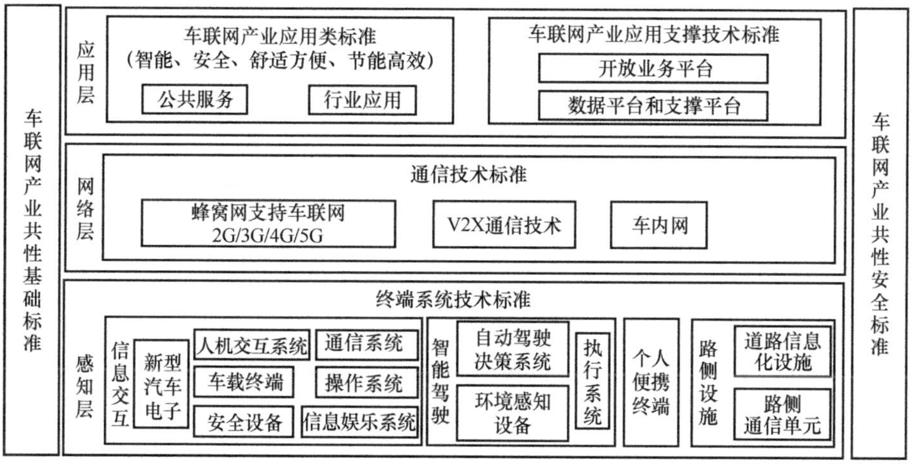

图 3-7　车联网产业技术结构图

具体到各个行业领域，该标准体系按照汽车、通信、电子、交通和管理五大行业领域进行划分。下面各小节分别予以介绍。

3.2.4.2　智能网联汽车标准体系

《国家车联网产业标准体系建设指南》中制定的智能网联汽车标准体系结构如图 3-8 所示。

其中，基础类标准主要包括智能网联汽车术语和定义、分类和编码、标识和符号等三类基础标准。术语和定义标准用于统一智能网联汽车相关的基本概念。分类和编码标准用于帮助各方统一认识和理解智能网联标准化的对象、边界，以及各部分的层级关系和内在联系。标识和符号标准用于对各类产品、技术和功能对象进行标识与解析。

通用规范类标准从整车层面提出全局性的要求和规范，主要包括功能评价、人机界面、功能安全和信息安全等方面。功能评价标准主要从整车及系统层面提出智能化、网联化功能评价规范，以及相应的测试评价应用场景。人机界面着重考虑驾驶模式切换等问题。功能安全标准侧重于规范智能网联汽车各主要功能节点及其下属系统在安全保障能力方面的要求。信息安全标准主要针对车辆及车载系统通信、数据、软硬件安全，从整车、系统、关键节点以及车辆与外界接口等方面提出风险评估、安全防护与测试评价要求。

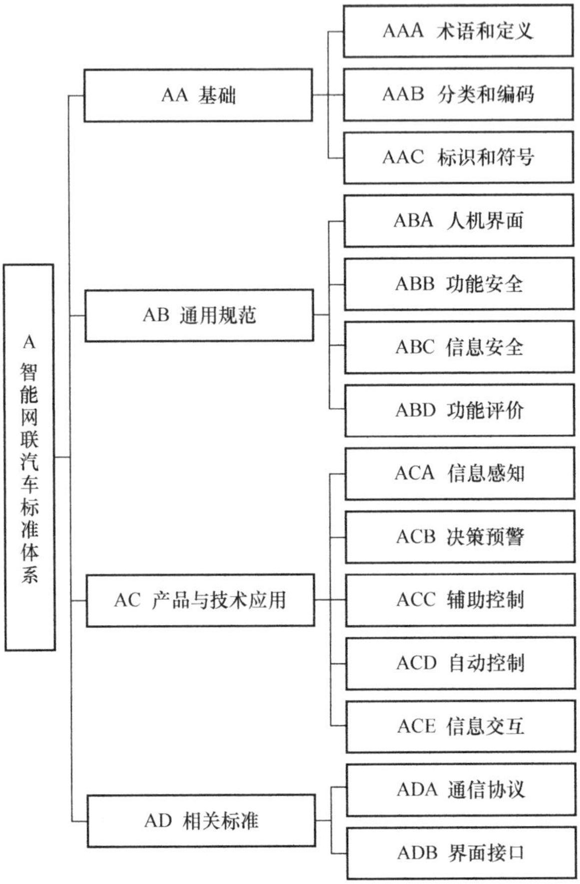

图 3-8　智能网联汽车标准体系结构

产品与技术应用类标准主要涵盖信息感知、决策预警、辅助控制、自动控制和信息交互等智能网联汽车核心技术和应用的功能、性能要求及试验方法。

相关标准主要包括车辆信息通信的基础——通信协议，主要涵盖实现车与X（人、车、路、云端等）智能信息交互的中、短程通信和广域通信等方面的协议规范；在各种物理层和不同的应用层之间，还包含软、硬件界面接口的标准规范。

3.2.4.3　信息通信标准体系

《国家车联网产业标准体系建设指南》中制定的信息通信标准体系结构如图 3-9 所示。

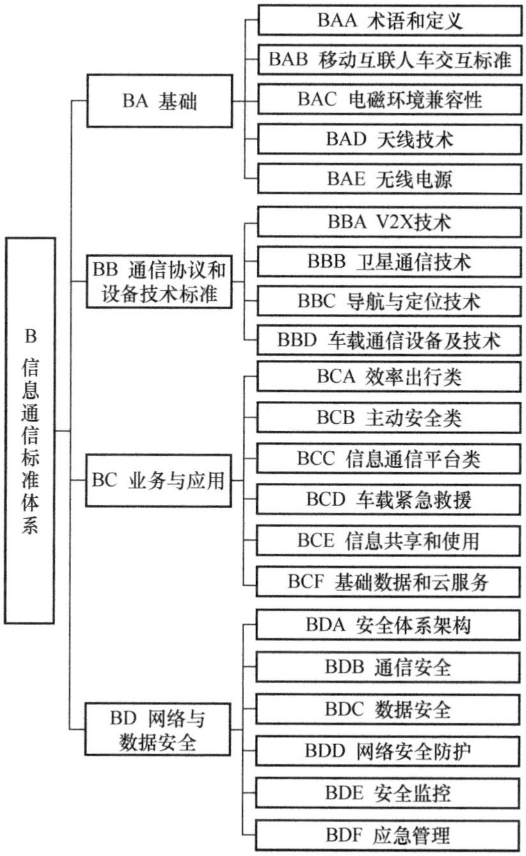

图 3-9　信息通信标准体系结构

其中，信息通信类基础标准主要包括：术语和定义、移动互联人车交互标准、电磁环境兼容性、天线技术和无线电源等。目前移动互联人车交互标准主要涉及手机终端与智能车载终端互联的技术要求及测试方法等。电磁环境兼容性标准主要围绕电磁环境与车、人之间的兼容特性评估。天线技术标准主要围绕车联网产业涉及的天线性能开展研究和标准制定。无线电源标准主要围绕整车无线供电与车载无线充电技术提出技术要求与评估方法，并进行标准化等。

通信协议和设备技术标准主要涉及 V2X 技术、卫星通信技术、导航与定位技术和车载通信设备及技术等方面。V2X 技术标准包含 LTE-V2X、5G NR-V2X 等，主要包括：V2X 接口标准、网络通信标准、基站设备规范和测试规范、网络层/应用层标准、终端间互操作标准、终端与网络设备互操作标准等。卫星通信技术标准包含天线和伺服系统、车载卫星通信系统等。导航与定位技术标准包括车载导航定位性能、定时技术和电磁兼容性的技术要求和测试方法。车载通信设备及技术标准主要包含车载网关设备、车载窄带语音通信设备、车载无线通信接口技术要求和检测方法等。

车联网产业相关的业务与应用包括：效率出行类应用、主动安全类应用、信息通信平台类应用、车载紧急救援应用、信息共享和使用、车联网产业基础数据和云服务等。业务与应用标准主要规定具体服务产品和系统的功能要求、性能要求以及对应的试验方法等。

网络与数据安全标准包括：安全体系架构、通信安全、数据安全、网络安全防护、安全监控、应急管理等。

3.2.4.4 电子产品与服务标准体系

《国家车联网产业标准体系建设指南》中制定的电子产品与服务标准体系结构如图 3-10 所示。

电子产品与服务标准体系主要包括基础、汽车电子产品、网络设备、服务与平台、汽车电子信息安全等标准。

基础类标准主要包括术语、体系和架构、标识和编码等标准。术语标准为其他各部分标准的制定提供支撑。体系和架构主要规范信息服务的体系框架，明确其边界及各部分的层级关系和内在联系。标识和编码可以支持对车载终端设备的辨识、寻址、路由和访问。

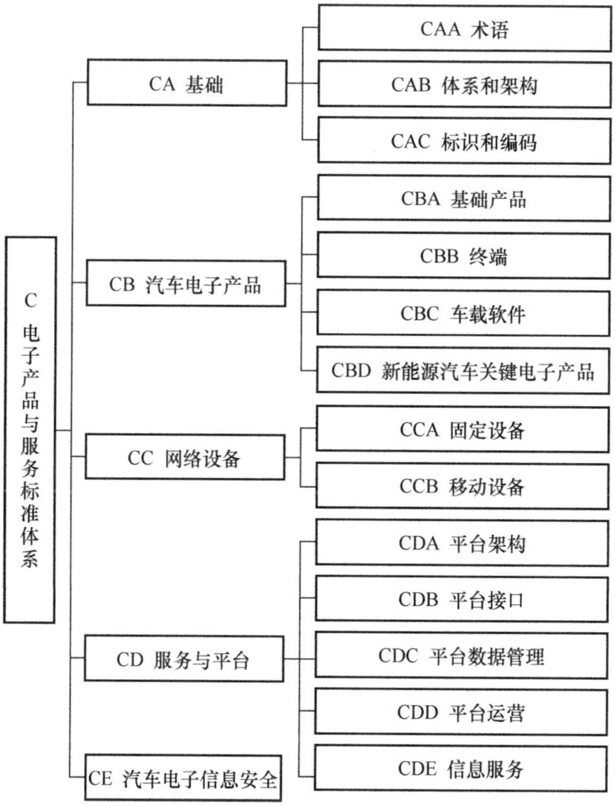

图 3-10　电子产品与服务标准体系结构

汽车电子产品类标准是指智能网联汽车、信息通信网络和车载信息服务中，具备感知、传递、计算、反馈、执行等单一功能的电子信息材料、零件、部件、嵌入式软件等方面的技术规范和测试标准。主要包括基础产品、终端、车载软件和新能源汽车关键电子产品等标准。

网络设备类标准主要包括固定设备和移动设备两个方面的标准。固定设备主要指路边单元等固定设备。移动设备主要指手持诊断设备、工程维修、车辆故障在线分析仪器等专门领域的设备。

服务与平台类标准包括平台架构、平台接口、平台数据管理、平台运营以及信息服务五个方面的标准。平台架构主要确定平台基本架构规范；平台接口规定了平台与终端、平台间、平台与上层管理系统等方面的接口标准；

平台数据管理包括数据接口、数据管理和大数据应用方面的要求和规范；平台运营主要规定了平台运营功能要求；信息服务包括地理信息和位置服务、车载广播等标准。

汽车电子信息安全类标准包括车联网产业中系统安全、车载终端安全、移动应用软件和服务运营平台安全等标准。

3.2.4.5 智能交通相关标准体系

《国家车联网产业标准体系建设指南》中制定的智能交通相关标准体系结构如图3-11所示。

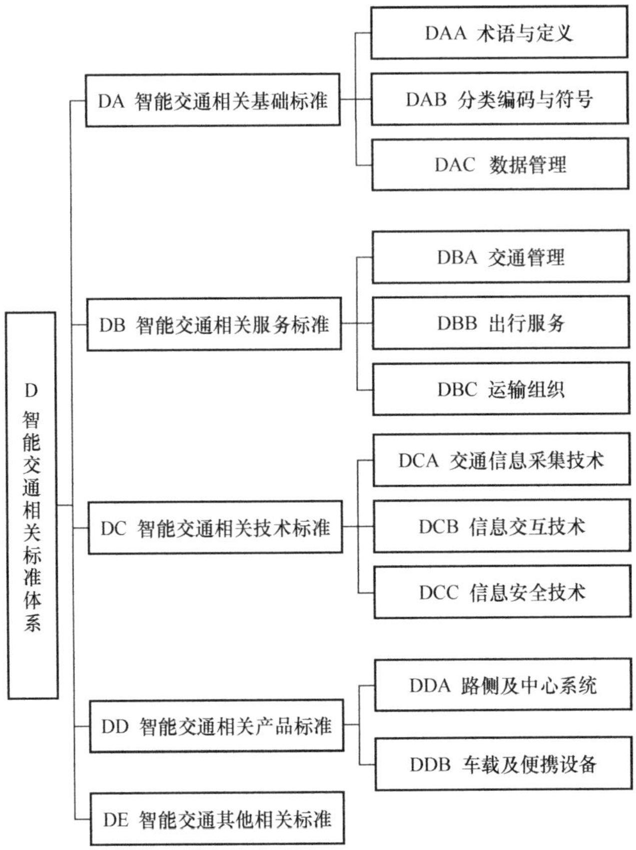

图3-11 智能交通相关标准体系结构

智能交通相关标准体系以规范智能交通系统（ITS）技术、服务和产品为重点任务。智能驾驶、车路协同等重点技术是当前 ITS 领域的研究热点和发展趋势，是新一轮科学技术及产业发展的重要竞争领域，对提升交通安全、缓解交通拥堵、拉动上下游产业有着重要意义。

基础标准主要包括术语与定义、分类编码与符号和数据管理等。术语与定义主要包括智能运输系统相关术语、定义；分类编码与符号主要包括编码规则、代码结构和图形符号类标准；数据管理主要包括数据表达与管理、数据元、数据字典类标准等。

服务标准主要包括交通管理、出行服务、运输组织等。交通管理类标准主要包括交通管理与控制、事件管理与应急等标准；出行服务主要是面向出行者提供的各类服务，包括电子支付服务、一体化出行服务、智能驾驶服务等标准；运输组织主要是面向运输企业提供的各类服务，包括客运服务智能化、物流信息化、营运车辆运行服务等标准。

技术标准主要包括交通信息采集技术、信息交互技术和信息安全技术。交通信息采集技术是指交通设施、运输工具、交通运行、道路环境等信息采集、状态感知技术指标和参数。信息交互技术是指不同设备、系统、服务间的数据传输、信息交换等标准。信息安全技术是指数据安全、交易安全、身份认定、网络信任等相关标准。

产品标准主要包括路侧及中心系统和车载及便携设备等。路侧及中心系统是指路侧设施类设备的工艺、性能、安装等方面的要求和测试方法，以及中心或后台系统的性能、部署等方面的要求和测试方法；车载及便携设备是指车载、手持等移动终端、便携设备的工艺、性能、安装等方面的要求和测试方法。

其他标准主要包括与智能交通关系比较密切的其他交通运输类标准。

3.2.4.6　车辆智能管理标准体系

《国家车联网产业标准体系建设指南》中制定的车辆智能管理标准体系结

构如图 3-12 所示。

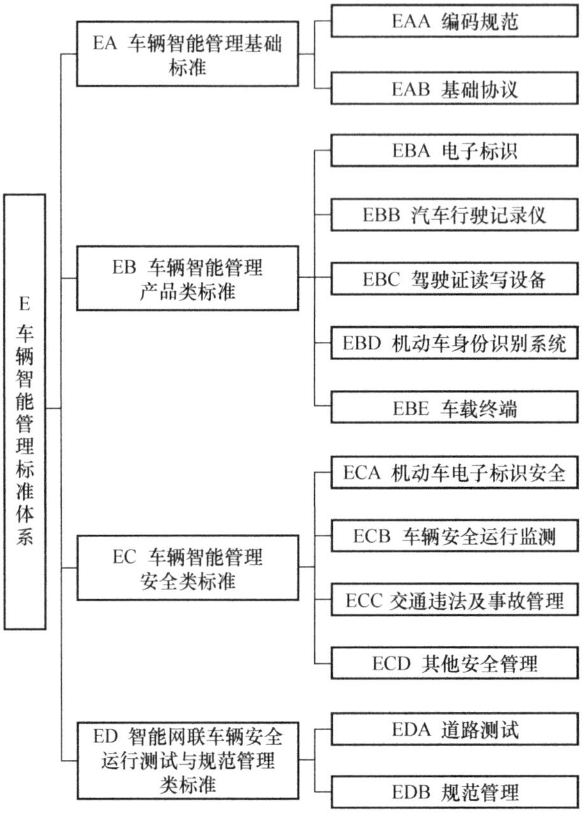

图 3-12　车辆智能管理标准体系结构

车辆智能管理标准体系主要研究并制定相关法律法规，对交通安全行为进行有效规范，降低法律风险，促进车联网产业有序发展，主要包括：车辆智能管理相关的基础标准、产品类标准、安全类标准和安全运行测试与规范管理类标准等。

车辆智能管理基础标准主要包括机动车/驾驶人电子身份代码编码规范、机动车电子标识读写基础协议等。

车辆智能管理产品类标准主要包括机动车电子标识安装规范、机动车电子标识读写设备通用技术条件和安装规范、汽车行驶记录仪、驾驶证读写设备通用技术条件、机动车身份识别系统中间件技术要求、机动车身份识别系统架构、机动车身份识别系统信息交换和共享技术要求以及管理服务平台技术要求、机动车车载终端交通执法数据访问接口规范、智能车辆行驶记录仪技术要求等。

车辆智能管理安全类标准主要包括机动车电子标识安全技术要求、机动车电子标识读写设备安全技术要求、机动车电子身份模块安全技术要求、机动车电子标识密钥管理系统技术要求、机动车车辆身份识别系统安全技术要求、机动车车载终端安全技术要求、新能源及智能车辆安全运行监测记录技术要求、智能车辆交通违法行为取证规范、智能车辆交通事故责任认定方法和程序要求、道路交通安全违法行为、卫星定位技术取证规范、驾驶证读写设备安全技术要求、电动汽车电源安全管理技术要求、车载终端与交通信号控制及交互技术规范、车载终端与交通安全设施接口规范等。

智能网联车辆安全运行测试与规范管理类标准主要包括智能车辆公共道路测试管理规范、智能车辆公共道路测试申请程序指南、智能车辆测试基地建设和验收要求、智能车辆安全运行测试技术要求、智能车辆安全运行测试项目和方法、智能车辆测试与使用车牌、智能车辆注册程序要求、智能车辆驾驶教育和培训技术指南、智能车辆外观标识等。

3.2.5　车联网无线接入技术标准体系

基于欧洲和美国的 V2X 架构，本书将通信部分的协议结构抽象成了图 3-13。对应于美国的标准，IP 层以下主要是 802.11p 和 DSRC 的一部分，而上层的消息等部分是由 SAE 负责。3GPP 制定的 C-V2X 的设计目标是利用更为先进的蜂窝技术设计 V2X 协议，取代 802.11p 协议，并与上次消息等层对接。在传输层及消息层均采用产业已经定义的上述协议结构和体系。图 3-13 给出了 DSRC 协议结构和 LTE V2X 协议体系结构的示意。

本书的后续章节将分别介绍 DSRC 和 C-V2X 技术，并比较二者的性能。

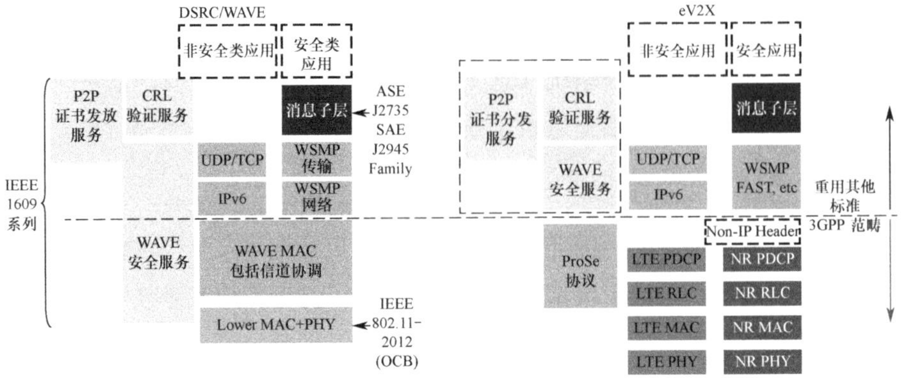

图 3-13　协议结构

参考文献

[1] 工业和信息化部电信研究院，中国联合网络通信集团有限公司，中国移动通信集团公司，中国电信集团公司. 物联网总体框架与技术要求[R].2009.

[2] Connected Vehicle Reference Implementation Architecture[OL]. http://local.iteris.com/cvria/.

[3] 美国智能交通系统联合办公室. https://www.its.dot.gov/index.htm.

[4] 美国智能交通系统-架构总览[R/OL]. http://local.iteris.com/arc-it/html/architecture/ architectture.html.

[5] 美国智能交通系统-通信部分[R/OL]. http://local.iteris.com/arc-it/html/viewpoints/ communications.html.

[6] Bob Williams. Intelligent Transport Sytems Standards[S]. ARTECH HOUSE, INC.

第 4 章　eCall/NG-eCall

本书在第 1 章已经叙述了 eCall 的背景、历史和对于提升救援效率的巨大意义。本章着重介绍 eCall 的技术。

4.1　车辆紧急呼叫的关键要求

在广泛征集业界意见和充分研究的基础上，欧盟提出 eCall 技术方案需要满足以下车辆紧急呼叫业务的核心要求[1,2]：

（1）当车辆发生交通事故时能由车载台自动发起报警或用户手动报警。

（2）应能够重用移动网络中成熟的、面向紧急呼叫的优先处理机制。

（3）报警时能发送最小集数据（Minimum Set of Data，MSD）给救援平台，从而能让救援平台确定救援的优先级顺序和进行有针对性的救援调遣。

（4）MSD 不超过 140 Byte，MSD 应包含车辆位置、行驶方向、事故发生时间、事故严重程度、车辆标识、燃油类别、乘客人数等信息。

（5）要能可靠地和迅速地建立通信连接和传送 MSD：传送 MSD 应在 4

秒内可靠地完成；整个呼叫流程时长宜在分钟级，从而能为紧急救援调遣和施救留出更多时间。

（6）MSD 发送和报警语音通话宜在同一个呼叫会话中进行。它们应被路由到同一个公共安全应答点（Public Safety Answering Point，PSAP），即同一个救援平台，以方便数据关联和救援处置。

（7）MSD 的发送和接收有确认机制。当需要时，救援平台能够控制和指示车载台重新发送更新的 MSD。

4.2 In-band Modem eCall 方案

eCall 的核心思想是利用车载卫星定位系统获取车辆的位置信息，在事故发生后，由传感器检测触发自动报警或者用户手动发起紧急呼叫进行报警，在建立语音通话的同时，将车辆位置、行驶方向、车辆牌照和车型、乘员数量等信息作为 MSD 自动发送给救援中心 PSAP（公共安全应答点），使得救援中心能够快速定位事故车辆并组织救援。

为了满足欧盟所提出的 eCall 业务需求和实现上述功能，欧盟和 ETSI 委托 3GPP 开展相关方案研究和标准化。3GPP 于 2007 年至 2009 年间设立了相关的研究项目（SI）和标准项目（WI），开展 eCall 技术方案征集、性能对比评估和对最后胜出方案的标准化。3GPP 共征集到 3 个完整方案，其中包括由美国高通公司设计提出的 In-band Modem（带内调制解调，使用带内调制解调传送 MSD）eCall 方案，它利用了 2G 和 3G 网络支持电路域紧急呼叫的能力，使用带内调制技术将最小数据集（MSD）时分复用和调制到数字语音通带，然后通过 2G/3G 话音通道传送到 PSAP。3GPP SA4 对这些候选方案进行了全面评估，包括邀请独立实验室对候选方案在各种条件下的性能进行了测试，结果，由美国高通公司提出的 In-band Modem eCall 方案在各测评项目上均遥遥领先。2008 年 9 月，在日本神户举行的第 41 次 SA 全会上，3GPP 选定 In-band Modem eCall 作为 2G/3G 时代的 eCall 解决方案，并批准完全基于美国高通公司提交的方案进行标准化。2009 年 3 月，在法国比亚里茨举行的第 43 次 SA 全会上，3GPP 批准和发布了 eCall 相关规范，其中最核心的技术规范是[3,4]：

（1）TS 26.267“eCall 数据传输——带内调制方案；总体描述”。

（2）TS 26.268“eCall 数据传输——带内调制方案；ANSI-C 参考代码”。

完成标准制定后，欧盟在 15 个欧洲国家组织了多轮测试，验证了 In-band Modem eCall 方案的可靠性。这期间美国高通公司做了大量的技术支撑性工作，包括在多种场景下独立进行了 4.5 万次的呼叫，研究分析在各种传输环境下数据传送的可靠性。2013 年 11 月，美国高通公司被授予 HeERO 奖项，以表彰美国高通公司对推动泛欧 eCall 的部署所做出的杰出贡献。

图 4-1 是 3GPP TS 26.267[3]所给出的 eCall 系统架构图，主要网元包括支持电路域语音业务的蜂窝网络、支持 eCall 功能的 IVS（车载系统，也称为车载台）和支持 eCall 功能的 PSAP（公共安全应答点，即救援平台）。对于已经支持了电路域紧急呼叫业务的蜂窝网络、IVS 终端和 PSAP，为了实现 eCall 功能，不需要网络升级，而只需要在车载台和 PSAP 上增加 In-band Modem 功能。其中，IVS 终端需新增加通过 In-band Modem 上报 MSD 和接收 PSAP 发送的相关 In-band 控制指令的功能，保证车上安装有卫星定位功能，IVS 和车载相关传感器有接口，能感知交通事故的发生和获得相关数据；PSAP 需新增加通过 In-band Modem 接收 MSD 和通过 In-band Modem 发送相关控制指令的功能。

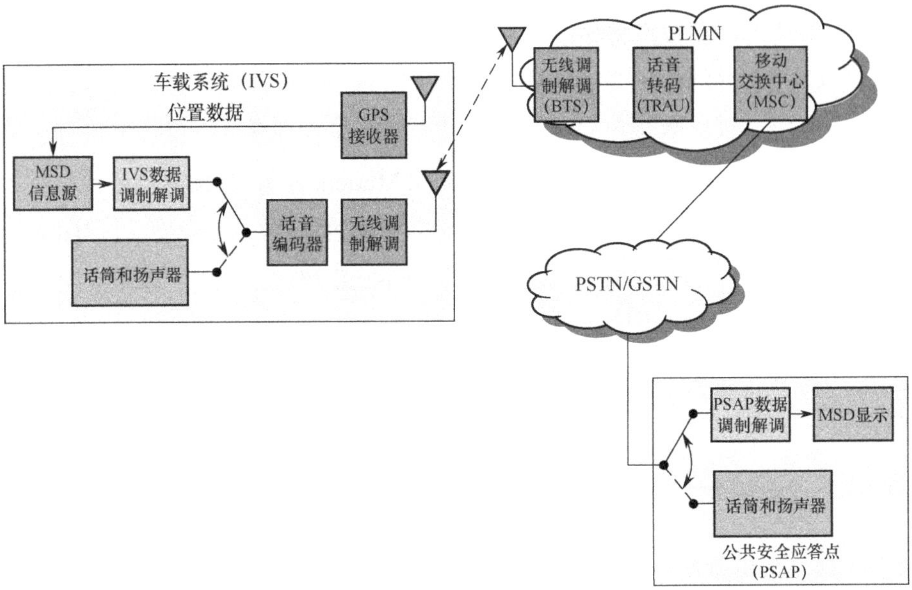

图 4-1　eCall 系统架构图

In-band Modem eCall 的工作流程是：

（1）交通事故发生后，IVS（车载台）会自动生成 MSD，并自动发起电路域紧急呼叫；

（2）在呼叫链路建立起来后，PSAP 先将语音通道静音；

（3）PSAP 和 IVS 通过带内调制的信令握手，确认双方支持 eCall 功能，IVS 将 MSD 编码成类似语音波形的信号，通过编译码器（codec）编码后发送到网络，在网络侧译码还原成语音波形后，利用公网 PCM 信道传输到 PSAP；

（4）PASP 在成功接收和解调 MSD 后，发送带内调制的确认信令给 IVS，PSAP 和 IVS 取消静音；

（5）事故车辆上的报警人和 PSAP 座席人员开始进行语音通话，进一步了解事故的状态并对乘员进行自救辅导。

由于 MSD 的传输会在链路建好后的 4 秒以内完成，因此事故车辆上的报警人和 PSAP 座席人员并不会觉察到额外的延时。

4.3　NG-eCall 方案

In-band Modem eCall 是 3GPP 在 2007 年至 2009 年间标准化的，当时选择电路域紧急呼叫加带内调制方式，而没有考虑基于分组数据的方案是有多种原因的。首先，当时欧洲的分组数据网络覆盖还不是很好，无法做到像 GSM+WCDMA 语音那样的广域覆盖；其次，业界希望重用移动网络成熟的电路域紧急呼叫优先机制，保证救援信道的快速建立，而基于分组域的紧急呼叫和优先处理在当时并没有被支持；最后，eCall 要求对网络、终端和 PSAP 的改动尽量小，还要实现 MSD 和话音联合传输到同一个 PSAP。所以 3GPP 最终决定利用 2G/3G 电路域的紧急呼叫来承载车辆的紧急呼叫。

随着时间的推移，In-band Modem eCall 的局限性也越发明显。主要表现在：它是针对 2G/3G 的电路域紧急呼叫开发的技术，由于电路域语音传输信道的速率限制，只能传送最多 140 Byte 的最基本信息，无法灵活地增加和调整数据；不能有效支持 IVS 和同一个 PSAP 间语音和分组数据的并发，因此用 In-band Modem eCall 无法向救援中心传送更多的现场图像等信息，以帮助救援中心的人员了解更多的现场情况和更有针对性地对伤员进行远程救助指导。现在，4G LTE 网络已经在全球范围内得到广泛部署，许多运营商也已经或计划部署 VoLTE，并且欧美运营商在 VoLTE 上支持基于 IMS 的紧急呼叫。考虑到这些因素，以及未来运营商可能逐步淘汰电路域网络，eCall 也需要与时俱进，升级到基于 IMS 紧急呼叫的下一代 eCall，即 NG-eCall。

NG-eCall 基于 IMS 紧急呼叫，相关的标准化工作主要在 ETSI、IETF 和 3GPP 中进行：2014 年，ETSI 完成了对 NG-eCall 的研究，形成研究报告 TR103.140[5]；稍后，IETF 为支持 NG-eCall 开展了信令和流程制定工作，相关工作于 2016 年完成；在 ETSI 和 IETF 工作的基础上，3GPP 决定在 Release 14 中制定 NG-eCall 技术规范。2015 年，3GPP SA1 和 SA2 批准了 Stage 1（业务需求）和 Stage 2（系统架构和呼叫流程）的立项，2016 年，3GPP CT WG1 批准了 Stage 3（消息和具体实现）的立项，所有标准在 3GPP Release 14 阶段已完成。

利用 IMS 支持紧急呼叫业务的能力，NG-eCall 可以大大缩短呼叫建立的时延，并且支持 VoLTE 语音和数据的并发，可以在远程救援期间获取现场静态和动态的图像和音频信息。NG-eCall 在部署时除要求 IVS 支持 NG-eCall 外，只需对 PSAP 进行适当改造以支持 IMS 呼叫。但是，需要指出的是，NG-eCall 的部署主要依赖于 VoLTE 和 IMS 紧急呼叫的成功实施和广泛覆盖，因此可以预计在相当长的一段时间里，可能还是需要 In-band Modem eCall，网络和 PSAP 也最好支持 eCall 和 NG-eCall 两种模式，以保障前期部署的 eCall IVS 能够继续使用紧急救援服务。IVS 则需要支持双模，当网络不支持 NG-eCall 时，可以回退到 In-band Modem eCall 模式。

图 4-2 是 NG-eCall 的系统架构图，主要网元包括支持基于 IMS 紧急呼叫的蜂窝网络、支持 NG-eCall 功能的 IVS（车载台）和支持 NG-eCall 功能的 PSAP（公共安全应答点，即救援平台）。为了保证车载台在 3G 网络下，虽然在 4G 网络但处于 VoLTE/IMS 覆盖区之外时，仍能发起车辆紧急报警，也就是说，IVS 车载台应同时支持 NG-eCall 和 In-band Modem eCall。

NG-eCall 的典型呼叫流程如图 4-3 所示，其主要步骤是：

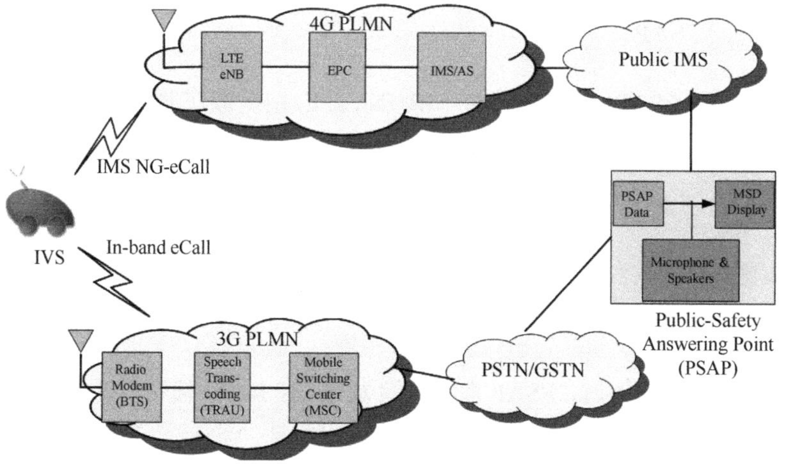

图 4-2　NG-eCall 系统架构图

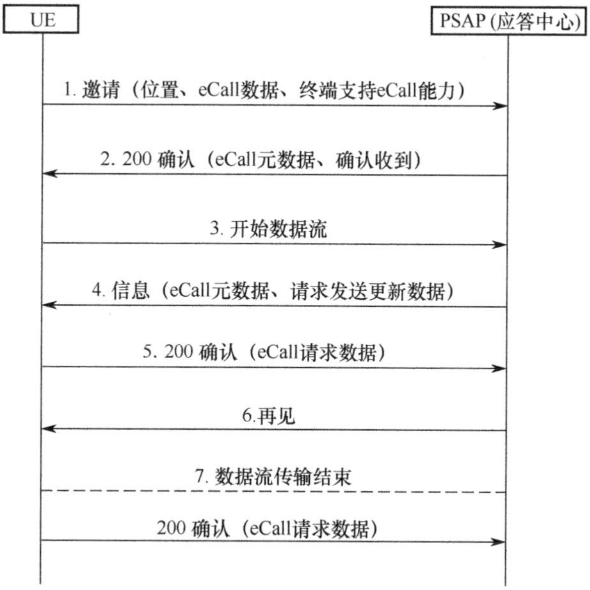

图 4-3　NG-eCall 的典型呼叫流程

步骤 1：交通事故发生后，车载台会自动生成 MSD，车载台根据 SIB1 检测到当前网络能支持基于 IMS 的 NG-eCall 功能，因此自动发起 IMS 紧急呼叫。在发起呼叫的 SIP 邀请（INVITE）信令中，车载台包含指示 NG-eCall 业务类型的 URN，同时包含 eCall MSD；移动网络中的 E-CSCF 将 SIP INVITE 路由到最合适的 PSAP。

步骤 2：PSAP 从接收到的 SIP INVITE 中提取车载紧急呼叫业务指示 URN 和 MSD 数据；PSAP 返回 SIP 200 OK（200 确认）信令给车载台，指示已成功接收到 MSD。

步骤 3：车载台和 PSAP 建立 IMS 媒体流，事故车辆上的报警人和 PSAP 座席人员开始进行语音通话。

步骤 4：当需要时，PSAP 向车载台发送 SIP INFO 信令，要求车载台提供更新的 MSD 数据或附加数据。

步骤 5：车载台在 SIP 200 OK 信令中返回 PSAP 所请求的数据。

步骤 6：PSAP 确认。

步骤 7：本次数据通信结束。

如果需要，车载台和 PSAP 还可以建立附加的 IMS 媒体流，用于传输辅助的多媒体信息。

4.4 其他方案

在中国，车载信息服务产业联盟（Telematics Industry Application Alliance，TIAA）于 2012 年成立了紧急救援工作组，组织电信企业、整车厂商、车机厂商、服务商和救援机构共同制定中国紧急救援方案，在 2014 年完成了系统方案的制定和实验，并于 2015 年年底正式发布了 TIAA E-Call 方案，目前 TIAA 紧急救援工作组正在对方案进行标准化，制定 TIAA 联盟标准。

图 4-4 是 TIAA E-Call 方案的系统架构图，其基本工作原理是：发生交通事故后，在建立语音通路之前，IVS 先用分组数据将 MSD 上报给 FAP（第一应答点）；MSD 传送完成后，IVS 建立与 FAP 的普通电路域语音呼叫链路，事故车辆报警人和 FAP 座席人员进行语音沟通；FAP 根据所收到的 MSD 数据和语音报警信息，联系合适的 PSAP 救援派遣平台；PSAP 救援派遣平台可能用电路域语音业务回呼报警人，以获取或确认附加信息。

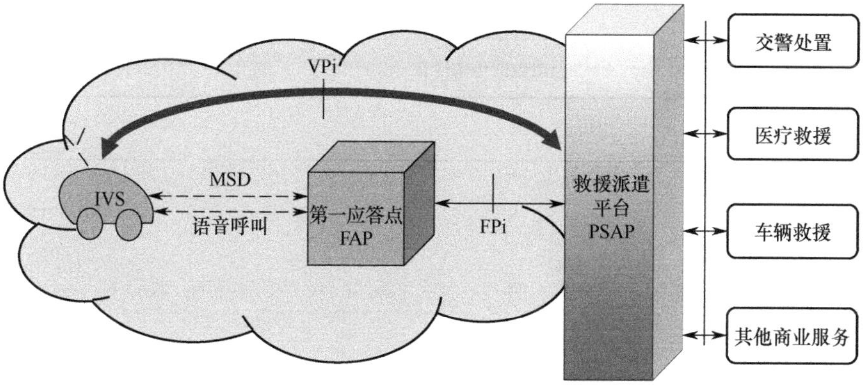

图 4-4　TIAA E-Call 系统架构图

4.5　三种方案的比较

eCall、NG-eCall 和 TIAA E-Call 三种紧急呼叫方案的比较见表 4-1。

表 4-1 三种紧急呼叫方案比较

项　目	TIAA E-Call 方案	eCall	NG-eCall
含 MSD 传送的呼叫建立时延	长	短	最短
无分组数据覆盖时是否工作?	否	是	否
自动语音和 MSD 数据关联?	否	是	是
能传送辅助数据?	当网络和终端支持电路域语音和分组数据并发时可以	可以，但非常有限	最好
有 QoS 保证?	仅语音通信有	是	是
享受优先的呼叫处理?	语音通信可能有，MSD 的分组数据传输没有	是	是

4.6 车载紧急呼叫和救援业务的商业模式

eCall 和 NG-eCall 提供了一种将事故信息传送到救援中心的方案，但各个地区在紧急救援的实施上还会有一些不同。在欧盟国家和俄罗斯，紧急救援是政府强制执行的，由政府负责建设和运营救援中心 PSAP，并提供救援服务。但是在其他地区，比如中国，现在还没有强制执行紧急救援的计划，因此需要引入一些商业运营的模式来提供紧急救援服务。这就要求紧急救援的系统架构能够支持多种方式的部署。

以 TIAA E-Call 的系统架构为例，我们可以把紧急救援系统分成两个部分：通信部分和救援部分。通信部分是将数据从 IVS 送达 FAP；救援部分是由服务代理来组织医疗、车辆、公安等机构提供救援服务。两部分都可以由政府运营也可以分别进行商业运营。

在欧盟，车主可以使用 2G/3G 网络的 E112 服务，利用 In-band Modem 将救援请求和数据直接发送到 PSAP 平台。车主也可以购买由车厂提供的第三方救援服务，这样 FAP 就是第三方呼叫中心，并由第三方呼叫平台将救援数据转送给 PSAP 来组织救援。在俄罗斯，ERA GLONASS 只支持 3G 网络，车主可以使用 3G 网络的 E112 服务，利用 In-band Modem 将救援请求和数据直接发送到 PSAP 平台，当 In-band Modem 传送不可用时，IVS 可以使用短信和 PS 数据等方式向 PSAP 传送救援数据。在具体部署时，ERA GLONASS 有一个独立于传统电信运营商的运营商，因此要求 IVS 使用两个 SIM 卡，一个卡对应电信运营商，提供语音和数据服务，另一个卡在发生交通事故时使用，用于接入 GLONASS-Union 和发送救援请求。

在中国，通信部分和救援部分都可以进行商业运营。通过车厂提供的信息服务商，车主也可以后装车机并选择 TSP 提供信息服务，救援请求可以先通过分组数据的方式发送到 TSP 平台，TSP 平台对信息进行过滤并识别救援请求后，与救援机构合作组织救援。在救援部分，由于现在公安、医疗和车辆救援都是相对独立的系统，因此根据中国的情况，可能需要引入一个救援服务代理机构与各救援机构对接，根据 TSP 平台送来的事故情况，组织相关机构到现场进行救援。

参考文献

[1] eSafety Forum. Clarification Paper – EG.2 , High level requirements for a eCall in-vehicle

system, supplier perspective[R]. March 2006, Version 1.0.
[2] ETSI. Intelligent transport systems – eSafety – Pan-European eCall operating requirments: EN 16072[S].
[3] 3GPP. eCall Data Transfer-in-band modem solution; General Description: TS 26.267[S].
[4] 3GPP. eCall Data Transfer-in-band modem solution; ANSI-C Reference Code: TS 26.268[S].
[5] ETSI. Mobile Standards Group (MSG): eCall for VoIP: TR103 140[S].

第 5 章　车联网专用短程通信技术

专用短程通信（Dedicated Short Range Communication，DSRC）也叫专用短距离通信，这个术语在使用上常常引起一些混淆，就技术本身而言，代表的是一类通信技术，而不具体指某一个特定的技术解决方案或技术体制，这类技术通常用于某一个专业领域，为特定领域应用和业务需求提供通信解决方案。

本章着重介绍代表了 DSRC 的通信部分的 IEEE 802.11p 和 1609 协议，并介绍欧洲 ITS-G5 的标准化情况。同时，对于中国的 DSRC（ETC）也做了相应的介绍。

5.1　专用短程通信

在美国，专用短程通信广泛地被用于指代跟 WAVE[1]相关的频谱或者技术，比如：美国联邦通信委员会在为智能交通应用分配频谱时发布的文件中就使用了 DSRC；国际自动机工程师协会（SAE International）制定的应用层消息标准也使用了 DSRC。

在中国，DSRC 主要指代工作在 5.8 GHz 的无线技术，比如，用于不停车收费的系统。近年随着 V2V/V2X 技术的发展，国内也有人用 DSRC 称呼美国基于IEEE 802.11p和1609的车车通信技术。

5.2 WAVE 协议体系

IEEE主持制定了用于车载环境通信的系统架构（Wireless Access in Vehicle Environment，WAVE），为交通提供设备通信能力。WAVE针对车辆环境的通信进行优化，可支持的业务包括美国国家智能交通系统架构中认可的业务，以及由汽车行业和交通基础设施行业补充的业务，这些业务涉及车和交通基础设施、车和车以及车和人之间的通信。

在DSRC标准架构中，WAVE协议族位于协议栈传输层以下，其中IEEE 802.11p（下面简称为802.11p）定义通信实体的物理层和MAC层技术，IEEE 1609系列标准规范各通信实体安全[2]、网络服务[3]和多信道操作方法[4]等方面。

802.11p以802.11[5]标准为基础，依据车载环境的专用短距离通信场景的要求进行扩展和修订。在物理层，802.11p采用与802.11a相同的OFDM调制技术。为避免邻近车辆之间的干扰，802.11p制定了较无线局域网场景更为严格的邻信道抑制指标ACR，并配合FCC为DSRC的频率规划，选择采用了10 MHz带宽信道。在MAC层，802.11p沿用增强分布式信道访问机制（Enhanced Distributed Channel Access，EDCA）以支持不同传输的差异化QoS要求。为了满足车联网主动道路安全应用对低时延的要求，802.11p在MAC层设计了新的基本服务组（Basic Service Set，BSS）类型（Wave BSS，WBSS）。支持802.11p工作模式的STA设备间无须交互关联信息，就可以加入WBSS，从而降低了通信连接建立过程的时延。

IEEE 1609.3[3]为车辆间通信（V2V）设计了两类消息格式：WSM（WAVE Short Message）和 WSA（WAVE Service Advertisement），以避免 UDP/IP 分组包的层层封装和开销太大。

IEEE 1609.4[4]规范了多信道操作的方法。美国联邦通信委员会（FCC）为车辆专用短程通信技术在 5.9 GHz 附近的频段（5.850～5.925 GHz）分配共计 7 个 10 MHz 的信道和一个 5 MHz 的保护带，其中一个信道是控制信道（CCH），其他为业务信道（SCH）。各终端在 CCH 期间监听相邻终端或邻近区域广播的 WSA 和传输 WSM，并可根据 WSA 指示跳转至特定业务信道（SCH）。

5.3　WAVE 的物理层

在物理层，WAVE 技术标准通常简称为 802.11p，该技术标准是由 IEEE 802.11 工作组制定的 802. 11 标准的增补文件之一。该增补规范已经合并到 802.11—2012 版本中，作为 802.11 规范内容的一部分。

802.11 无线局域网技术规范是一个内容丰富的规范，随着无线通信技术的不断进步，IEEE 802.11 无线局域网技术工作组以增补规范的形式，制定 802.11 技术的演进版本，将新的技术解决方案引入无线局域网规范当中，支持新的无线局域网业务，拓展无线局域网技术在不同领域的应用。

1997 年，IEEE 发布了工作在 2.4 GHz 频率上的无线局域网技术规范的第一个版本，其物理层包含红外、跳频和直接序列扩频技术三种技术体制，最高支持的数据速率为 2 Mbps。1999 年，IEEE 802.11 发布了工作在 5 GHz 频段并采用正交频分复用（OFDM）技术的物理层技术规范 802.11a，它支持 5 MHz、10 MHz 和 20 MHz 多种信道带宽配置，最高数据速率可以支持到 54 Mbps，在 802.11 标准中称为 OFDM-PHY。

802.11 工作组除了对无线局域网的物理层技术进行修订和增补，也对涉及无线局域网的其他相关技术内容进行修订和增补，并根据新增补技术的发展和成熟情况，在一定时间将技术内容的增补篇合并到 802. 11 的规范当中。经过持续的修订和增补，目前规范的最新版本，即 2012 年颁布的 802.11—2012 中已经包括了 7 个物理层技术；此外，新的增补篇 802.11ac 也已实现了商用，下一代的无线局域网技术 802.11ax 也在积极地推进商用。

为了适用于车车通信的无线环境，以及车车通信对消息传递低时延的要求，802.11 技术工作组为车载环境下无线局域网技术的应用单独制定了一个增补篇，也就是经常提到的 802.11p。该技术所采用的物理层技术在 802.11 OFDM-PHY 中进行了规范，基于 OFDM 技术，在 10 MHz 信道带宽上包含 52 个子载波，其中 48 个为数据子载波，4 个为导频子载波，默认传送速率为 6 Mbps。

针对车车通信所需要的低时延的要求，802.11p 设计了 OCB（Outside of the Context of a BSS）模式，并给出了用于车车通信的 EDCA 参数，以降低 802.11p 设备在发送 V2X 消息时的时延，关于这一部分技术的内容将在本书的 5.4 节 WAVE MAC 层进行描述。

WAVE 的物理层协议数据单位（PPDU）帧结构如图 5-1 所示，包括 PLCP 导引序列，PLCP 头域，物理层服务数据单元（PSDU），尾比特和填充比特[5]。

PLCP 导引序列包含 12 个 OFDM 符号，由重复的长短“训练序列”组成[6]。PLCP 头包括长度、速率、保留、奇偶校验及服务字段，其中速率、预留比特（保留）、长度、奇偶校验和尾比特一共 24 个比特，承载在一个 OFDM 符号上，记为信号字段；该字段进行 1/2 码率的卷积编码，并采用 BPSK 调制，发送速率为 6 Mbps。PLCP 数据部分的发送速率由 PLCP 头域信息的速率字段指出，其长度根据 PLCP 头域中的长度字段确定。

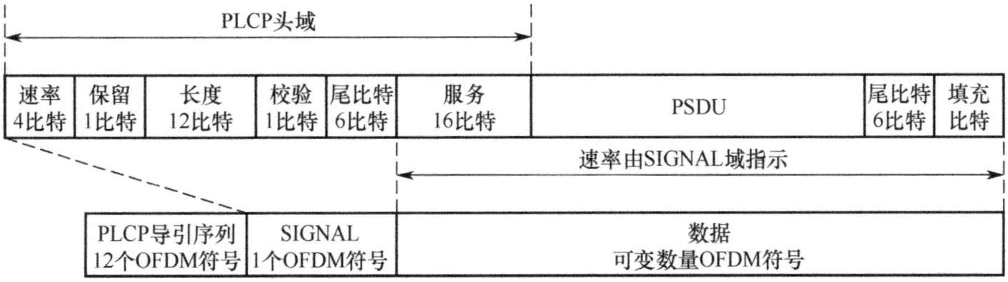

图 5-1　PPDU 帧结构

WAVE 802.11p 物理层支持的调制方式有 BPSK、QPSK、16QAM、64QAM，编码速率支持 1/2、3/4、2/3，高阶调制和更高的编码速率意味着更高的数据速率，但是同时也要求更好的传播信道条件，以保证信号在传递过程中产生的错误不会超过自身纠错能力，在信号的接收侧可以正确解调信号。

除了 10 MHz 信道带宽，WAVE 支持将 2 个 10 MHz 的信道合并，即采用 20 MHz 的信道带宽进行数据传输。

5.4　WAVE MAC 层

WAVE 的 MAC 层机制由两部分功能组成，一方面 WAVE 的 MAC 层采用 802.11 规范定义的用于无线局域网的 MAC 技术，另一方面，在 IEEE 1609.4[4] 中对 802.11 的 MAC 功能进行了扩展，规范多信道工作过程，以支持设备工作在 FCC 分配给智能交通业务的多个信道上。

5.4.1 Out of BSS 模式

普通的无线局域网设备在发送数据帧之前，需与目标通信方先建立起一个基本服务组（Basic Service Set，BSS），处于同一 BSS 内的设备可以相互发送数据帧。但在车辆行驶的高速环境下，无线环境快速变化，通信的参与方也在发生着快速的变化。如果通信双方必须先建立 BSS，才能发送数据，那么 WAVE 设备间通信会引入的延迟将难以满足设备车车通信对于时延的要求。对此，802.11p 制定了特定的工作模式：Out of BSS（OCB）工作模式，以允许 WAVE 设备在没有建立起 BSS 时也可以相互发送数据帧，即处于通信距离内的 WAVE 设备，可以直接发送数据帧，而无须事先协商 BSS 上下文。当该模式启动时，设备将不采用 802.11 规定的鉴权、管理和数据一致性流程，数据帧可以发送给同处于通信距离内的一个单独的或者一组目标 MAC 地址。

5.4.2 增强分布式信道接入（EDCA）

WAVE 设备在发送数据之前，先监听无线信道上是否正在进行数据传送，判断链路是否空闲。如果检测到无线信道上有数据传送，即标记信道为“忙”状态，WAVE 设备会延迟（回退）一段时间，再次进行链路忙闲状态检测，直到检测到链路状态为空，开始进行数据的发送。这一技术被称作载波侦听多点接入/碰撞避免（Carrier Sense Multiple Access/Collision Avoidance，CSMA/CA）。802.11 协议规范了 CSMA/CA 媒体访问机制的具体过程和参数。规范中共规定了三种媒体接入的机制，分别为分布式协调（DCF）、中心点协调（PCF），以及混合协调（HCF）机制，并规定了每种媒体接入方式详细设备检测和判断链路的忙/空状态的流程和参数，规范了检测到链路状态忙时回退的算法和参数，以及检测到链路空闲时进行数据发送的流程。

混合协调（HCF）支持增强分布式信道接入（Enhanced Distributed Channel

Access，EDCA），在该工作模式下支持设备根据业务的优先级要求访问媒介，目前共定义了四种业务优先级：背景业务（AC_BK）、尽力而为（AC_BE）、视频（AC_VI）和语音（AC_VO），每种优先级包含两个用户优先级。当有不同优先级业务的数据帧待发送时，优先级高的业务和用户优先使用无线信道。

WAVE 的设备访问无线信道时采用 EDCA 模式，设备获得发送机会（Transmission Opportunity，TXOP）[8]，并在无线信道上发送数据。IEEE 802.11p 中 EDCA 流程如图 5-2 所示。

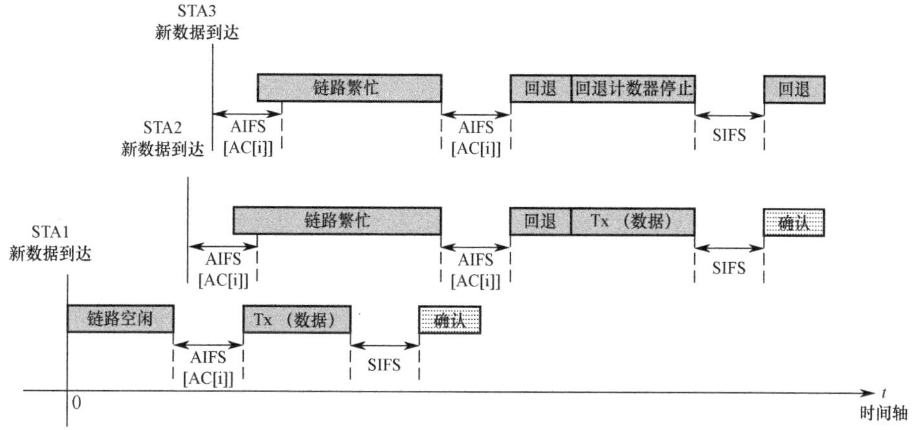

图 5-2　IEEE 802.11p 中 EDCA 流程[5]

1. 无线信道忙闲检测

设备发送数据前分别对所占用的信道进行能量检测（Energy Detect）和信号检测（Signal Detect），如果两种检测的结果都表明信道状态为“闲”，则认为信道可用于发送数据。

对于能量检测，如果检测到信道上射频能量小于门限值则判断链路为闲。

对于信号检测，无线发送设备检测目标无线信道上是否可探测到 802.11 的帧的导引序列。如果检测到导引序列，则信道为忙；如果没有检测到导引序列，则以能量检测的结果作为判断信道忙/闲的结果。

2. 帧间等待

探测到无线信道为空闲状态后，在发送无线帧之前，无线链路应保持空闲状态一段时间。根据所发送的不同无线帧类型，链路应保持空闲的时间不同。

（1）短帧间隔（Short Inter Frame Space，SIFS）：用于特定的 MAC 层控制帧，如 ACK，CTS 帧等，SIFS 不区分业务优先级，对于所有业务优先级的取值为固定值。

（2）TS 26.267“eCall 数据传输——带内调制方案；总体描述”；仲裁帧间间隔（Arbitration Inter Frame Space，AIFS）用于发送新的数据帧、管理帧和部分控制帧，如下式：

$$\text{AIFS[AC]} = \text{aSIFSTime} + \text{AIFSN[AC]} \times \text{aSlotTime}$$

其中，aSlotTime 为固定值，根据不同的业务优先级，AIFSN 取不同值。

（3）扩展帧间间隔（Extended Inter Frame Space，EIFS），用于接收错误后传送新的数据帧。

3. 发送帧前随机时延（Backoff Time）

该随机时延仅用于新的数据帧的传送。设备在竞争窗口 CW 中[0,CW]随机选择一个数值 R，随机时延的时间等于 R 乘以时隙时间，该时隙时间为 9μs，如下公式所示：

$$\text{Backoff Time} = R \times \text{aSlotTime}$$

竞争窗口的大小从窗口最小值开始，如果在竞争过程中发现链路变为“忙”（busy），则在链路空闲 DIFS 时间后，重传该数据帧的所用的 CW 窗口在[aCWmin,aCWmax]范围内选择为 $2n-1$ 序列中的下一个值。

当开启 OCB 模式时，EDCA 的 TXOP 限制为 0，这意味着 802.11p 设备每发送一个数据帧都应以竞争的方式获取发送机会。此时，EDCA 参数的默认值见表 5-1。

表 5-1　当启用 OCB 模式时，EDCA 参数的默认取值

AC	Cwmin	Cwmax	AIFSN
AC_BK	aCWmin	aCWmax	9
AC_BE	aCWmin	aCWmax	6
AC_VI	(aCWmin+1)/2−1	aCWmax	3
AC_VO	(aCWmin+1)/4−1	(aCWmin+1)/2−1	2

5.4.3　WAVE 多信道操作

美国为智能交通通信划分了 75 MHz 的频谱资源[10]，共 7 个 10 MHz 无线信道。WAVE 设备在多个信道上工作需要信道间的相互协调，由此，IEEE 1609 工作组制定了 1609.4[4]以规范和协调 WAVE 设备在多信道上的工作，作为 802.11 MAC 机制的增强，同 802.11 LLC 和 802.11 的物理层的协调工作。

1609.4 制定了在多信道工作的情况下，不同信道上的发送接收间隔间同步和协调的机制，负责用户数据在恰当的时间、正确的 RF 信道传送设定参数，并根据用户优先级和接入优先级，将待发送和接收的数据送到指定的信道进行传送。

多个信道划分为两类：控制信道（CCH）和服务信道（SCH），WAVE 设备可以在一个或多个信道上发送。WAVE 设备发送的三种 802.11 物理层帧包括管理帧、数据帧和控制帧。控制帧在 802.11 协议中规定。主要的管理帧是时间通告帧（TA）和制造商特定的通告帧（VSA），TA 用于发布时间同步信息，VSA 用于交换 WAVE 的服务通告。对于上层的数据交互，WAVE 支持发送 1609.3 规定的非 IP 数据 WSM，也支持 IP 数据。包含 WSM 的数据帧可以在 CCH 或者 SCH 上传送，包含 IP 的数据帧只能在 SCH 上传送。

WAVE 设备可以工作在连续模式，即连续工作在控制信道上，也可以工作在切换模式，即在 CCH 和 SCH 间切换工作，具体切换可参见图 5-3 所示的信道接入示意图。用于同步的时间间隔分为 CCH 和 SCH，CCH 间隔和 SCH 间隔的和为同步间隔（Sync Interval）。在每个信道间隔开始显示保护间隔，保护间隔用于无线设备的切换和不同设备间的时间不同步的时候。

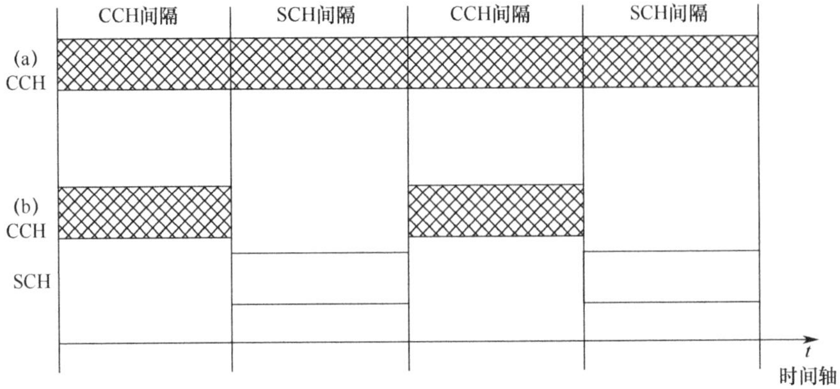

图 5-3　信道接入示意图：（a）连续；（b）交替[4]

同步间隔的长度为 1 秒，WAVE 设备以世界标准时间（UTC）为基准，在每 UTC 秒，同步间隔的开始与 UTC 秒的开始对齐。

高层会给每个待发送的数据包设定优先级。在 CCH 上发送的 WSM 建议使用 802.11p 的默认 EDCA 参数，在 SCH 上发送的管理帧 WSMP（WAVE Short Message Protocol），可以单独设置 EDCA 参数，默认值建议使用 802.11p 规定的默认值。

5.5　WAVE 逻辑链路层

与 OSI 开放标准互联的 7 层协议相对应，WAVE 的逻辑链路层（LLC）协议在 IEEE 1609.3[3]中进行了规范。根据 2016 年颁布的 1609.3 的最新版本，WAVE 逻辑链路层的头信息为 2 Byte 指示信息，如图 5-4 所示。这 2 Byte 信息应当是按照 802 标准定义的 EtherType 类型，即指示上层协议的类型。当前支持的上层的协议包括 IPv6 和 WSMP。

类型 (2字节)

086DD：IPV6
088DC：WSMP

图 5-4　WAVE 逻辑链路层的头信息[3]

5.6　WAVE 短消息协议

WAVE 短消息协议（WSMP）[3]可用来传送与安全相关的应用层消息，WSMP 可以被承载在 CCH 或 SCH 信道上传送。当接收方接收到一个 WSMP 消息时，根据 WSMP 地址域携带的信息决定将数据交由上层的那个应用来处理。按照 1609.3 最新版本的规定，地址域应包含 PSID[9]，上层应用可根据 PSID 信息决定。WAVE 短消息协议数据单元如图 5-5 所示。

WSMP-N-Header	WSMP-T-Header	WSMP SDU (1609.3)

图 5-5　WAVE 短消息协议数据单元

当接收到一个 WSMP 的服务数据单元时，根据 PSID 将数据派发给不同的上层应用。对 WSMP 承载的协议的安全保护，由上层协议负责，上层协议可以对数据进行签名和保护。

WSMP 也用于传送 WAVE 业务公告（WSA），该公告用于广播 WAVE 系统的业务配置信息。WAVE 设备规定两种角色：业务提供者发送 WAVE 业务通告（WSA）；作为业务用户角色的 WAVE 设备则监听接收到的 WAVE 业务通告。业务发送者可以在 CCH 信道或者 SCH 信道上的任何时隙传送 WSA，但是，通常 WSA 在 CCH 的时隙 0 上发送。

5.7 欧洲智能交通接入技术 ITS-G5

欧洲合作式智能交通（Cooperative ITS）系统接入层技术统称为 ITS-G5，这里 G5 代表 5 GHz 附近的频段。ITS-G5 根据应用场景，将频段划分为 ITS-G5A、ITS-G5B、ITS-G5C 和 ITS-G5D 四种[11]，分别是：

（1）ITS-G5A：智能交通道路安全应用，30 MHz，使用 5875～5905 MHz；

（2）ITS-G5B：智能交通非安全应用，20 MHz，使用 5855～5875 MHz；

（3）ITS-G5C：与无线局域网 RLAN［也称为宽带无线接入网（BRAN），或者无线局域网（WLAN）］共用，信道带宽可以为 10 MHz 或者 20 MHz，仅限于车路之间的应用，使用 5470～5725 MHz；

（4）ITS-G5D：未来 ITS 应用，使用 5905～5925 MHz。

ITS-G5 接入技术的标准架构如图 5-6 所示[11]。该技术物理层（PHY）和媒体接入层（MAC）以 802.11p 为基础制定。与 WAVE 技术不同，ITS-G5 的逻辑链路层（LLC）层在本书编制时仍保持与 IEEE 1609.3—2010 版本一致，即采用 802.2 规定的面向无连接的非确认类型 1 协议，子网接入协议为 SNAP[14]。ITS-G5 还扩展了 802.11 的逻辑链路层功能，制定了 ETSI 102 687 和 ETSI 102 724，用以支持多信道操作。在双收发器 ITS-G5 配置中，在第一收发器固定到 CCH 的情况下，另一个收发器可以动态切换到 SCH 上。

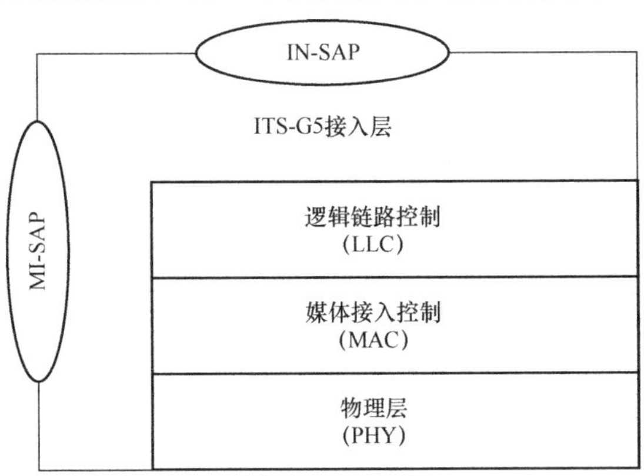

图 5-6　ITS-G5 接入的标准架构

在接入层之上，欧洲智能交通的网络层协议可以采用 IPv6 或 GeoNetworking。GeoNetworking 是一个路由协议，它支持基于地址位置进行寻址的自组织网络工作方式，数据包可以发送给一个单独的 ITS 台站，也可以发送给某一地理区域里的所有 ITS 台站。目标的地理区域可以为圆形、矩形和椭圆形。GeoNetworking 支持五种数据包处理模式：地理单播、地理广播、地理任意播、单跳广播和拓扑范围。在 GeoNetworking 协议之上，基本传输协议（Basic Transfer protocol，BTP）[16]提供无连接、不可靠的端到端数据包传输，类似于 UDP，用以承载应用层消息[17]。

5.8　中国 ETC 专用短程通信

现阶段在中国，专用短程通信（DSRC）通常专指用于电子不停车收费系统（ETC）的专用短程通信技术。

中国 1996 年开始引入 ETC 系统。交通运输部公路科学研究院牵头制定了《电子收费专用短程通信》的国家推荐标准 GB/T 20851 系列[18]，该系列标准包括：

（1）GB/T 20851.1 电子收费专用短程通信第 1 部分：物理层；

（2）GB/T 20851.2 电子收费专用短程通信第 2 部分：数据链路层；

（3）GB/T 20851.3 电子收费专用短程通信第 3 部分：应用层；

（4）GB/T 20851.4 电子收费专用短程通信第 4 部分：设备应用；

（5）GB/T 20851.5 电子收费专用短程通信第 5 部分：物理层主要参数测试方法。

在 ETC 协议架构中，RSU 和 OBU 对应关系如图 5-7 所示。

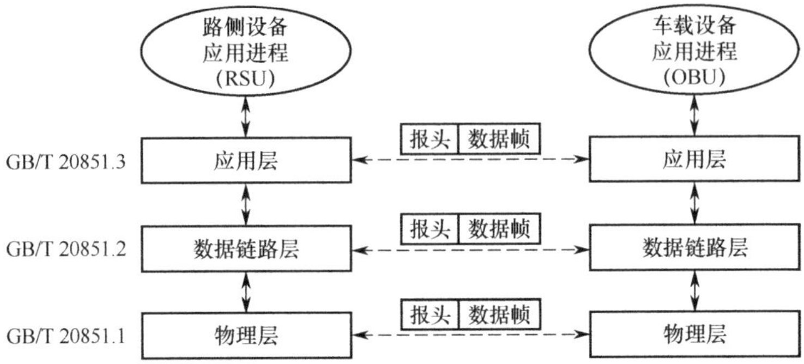

图 5-7　RSU 和 OBU 对应关系

ETC 专用短程通信以射频识别技术为核心，RSU 向 OBU 传送信息的下行链路使用 5.830 GHz 和 5.840 GHz 两个无线信道；OBU 向 RSU 传送信息的上行链路使用 5.790 GHz 和 5.800 GHz 两个信道。各个信道占用带宽不超过 5 MHz。

根据国家标准的规定，A 类 ETC 设备采用 ASK 调制，RSU 最高传送速率为 256 kbps，OBU 传送数据速率为 500 kbps，主要满足基本的 ETC 应用；B 类 ETC 采用 FSK 调制，RSU 最高传送速率为 1 Mbps，在 ETC 应用的基础上，可满足较高速率的数据传输应用。

作为智能交通系统的重要组成部分，电子不停车收费系统已经在国际上多个地区得到了广泛应用，表 5-2 总结了各主要国家及地区用于电子收费等道路交通应用专用短程通信系统的技术特点，可供读者参考。

表 5-2　各地区 DSRC 系统比较[12,13,18]

地　区	美　国	欧　洲	日　本	中　国
工作频率	5.8 GHz 915 MHz	5.8 GHz	5.8 GHz	5.8 GHz
工作方式	主、被动方式共用	被动式	主动式	被动式

续表

地　区	美　国	欧　洲	日　本	中　国
调制方式	N/A	ASK/BPSK	ASK	ASK/BPSK
链路协议	TDMA	HDLC	FCMS，MDS ACTS	HDLC
编码方式	曼彻斯特	FMO，NRZI	曼彻斯特	FMO，RZI
传输速率	500 kbps	上行：500 kbps 下行：250 bps	1 Mbps	上行：500 kbps 下行：250 bps

参考文献

[1] IEEE 1609.0 − 2010. IEEE Guide for Wireless Access in Vehicular Environments (WAVE) Architecture[S].

[2] IEEE 1609.2 − 2013. IEEE Standard for Wireless Access in Vehicular Environments (WAVE) − Security Services for Application and Management Messages[S].

[3] IEEE 1609.3 − 2016. IEEE Standard for Wireless Access in Vehicular Environments (WAVE) − Networking Services[S].

[4] IEEE 1609.4 − 2010/Cor 1-2014. IEEE Standards for Wireless Access in Vehicular Environments (WAVE) − Multi-channel Operations　Corrigendum 1: Miscellaneous Corrections[S].

[5] IEEE 802.11 − 2012. Wireless LAN Medium Access Control (MAC) and Physical Layer (PHY) Specifications[S].

[6] GB 15629.1101—2006. 信息技术系统间远程通信和信息交换　局域网和城域网　特定要求　第 11 部分：无线局域网媒体访问控制和物理层规范[S].

[7] Luca Delgrossi,Tao Zhang.Vehicle Safety Communications:Protocols, Security, and Privacy [M]. Wiley,2012.

[8] Wei Sun, Hesheng ZHANG, Chen PAN, Jun Yang. Analytical Study of the IEEE 802.11p

EDCA Mechanism[R].2013 IEEE Intelligent Vehicles Symposium (IV).

[9] IEEE 1609.12. IEEE Standards for Wireless Access in Vehicular Environments (WAVE) – Identifier Allocations[S].

[10] Federal Communications Commission ET Docket No. 98-95, RM-9096, Amendment of Parts 2 and 90 of the Commission's Rules to Allocate the 5.850 – 5.925 GHz Band to Mobile Service for Dedicated Short Range Communications of Intelligent Transportation Services.

[11] EN 302 663 v1.2.1. Intelligent Transport System (ITS); Access layer specification for Intelligent Transport Systems operating in the 5 GHz frequency band.

[12] ETSI EN 300 674. Electromagnetic compatibility and radio spectrum matters; road transport and traffic telematics; dedicated short range communication transmission equipment (500 kbit/s / 250 kbit/s) operating in the 5.8 GHz ISM band.

[13] CEN EN 12253. Road transport and traffic telematics – Dedicated short-range communication – physical layer using microwave at 5.8 GHz.

[14] IEEE/ISO/IEC 8802-2 – 1998. IEEE International Standard for information technology – Telecommunications and information exchange between systems – Local and metropolitan area – Specific requirements – Part 2: Logical Link Control[S].

[15] ETSI TS 102 792. ITS; Mitigation techniques to avoid interference between European CEN Dedicated Short Range Communication equipment and ITS operating in the 5G frequencyrange[S].

[16] ETSI EN 302 636-5-1. Intelligent Transport System (ITS); Vehicular Communications; GeoNetworking; Part 5: Transport Protocols; Sub-part 1: Basic Transport Protocol[S].

[17] Andreas Festag. Cooperative Intelligent Transport System Standards in Europe[S].IEEE Communications Magazine, December 2014.

[18] GB/T 20851. 电子收费 专用短程通信[S].2007.

第 6 章　Cellular V2X 技术

3GPP 从 Release 14 开启了基于 LTE 技术的 V2X 系统设计。稍后，随着标准进入 5G 时代，基于 NR 的 V2X 系统设计被纳入日程。因此，业界将 LTE-V2X 和 NR-V2X 统称为 Cellular V2X，简称 C-V2X，即以蜂窝通信技术为基础的 V2X。

6.1　LTE-V2X

3GPP 在 Release 14 完成第一版本的 C-V2X 标准化，主要应用场景是面向高级驾驶辅助系统（Advanced Driver Assistance Systems，ADAS）的安全类应用，同时能支持一些低数据速率的其他类型应用。在 Release 15 中，C-V2X 的设计目标被定位为面向自动驾驶的 V2X 技术，通过 V2V 链路传输的数据速率被极大地提升，同时时延要求也被大大提高，这对传输技术提出极高的要求，包括 MIMO、64QAM、截短的 TTI 等技术都被纳入标准化研究范围。按照目前的计划，在 Release 16 中会展开基于 NR 的 V2X 系统的设计，主要解决受限于 LTE 系统设计而无法完全满足的 V2X 设计指标。

6.1.1　需求与应用场景

3GPP SA1 工作组负责制定 V2X 业务的需求。在 Release 13 阶段，SA1

首先搜集了 V2X 的应用案例，并通过应用案例整理出各种场景下的用户示例性数据。表 6-1 是 3GPP TR 22.885 整理的面向 ADAS 的 V2X 示例性性能要求[1]。根据不同场景（城市、高速等）提出了时延和可靠性要求。随后，SA1 制定了具体的设计目标规范[2]，其中对可支持的移动速度、通信时延、传输可靠性、安全隐私、覆盖范围、消息发送频率和大小等方面提出了要求。SA1 定义的需求在后续 RAN 和 SA 的系统设计中被作为重要输入。

表 6-1 V2X 业务示例性性能要求[1]

项 目	有效通信距离	绝对速度	两车相对速度	最大可容忍时延	最小无线数据接收可靠度（满足有效通信距离内和 100 ms 时延）	示例性累计传输可靠性
#1（城区）	200 m	50 km/h	100 km/h	100 ms	90%	99%
#2（高速）	320 m	160 km/h	280 km/h	100 ms	80%	96%
#3（德国高速—不限速）	320 m	280 km/h	280 km/h	100 ms	80%	96%
#4（城区—非视距）	150 m	50 km/h	100 km/h	100 ms	90%	99%
#5（城区—交叉路口）	50 m	50 km/h	100 km/h	100 ms	95%	—
#6（大学校园、购物中心）	50 m	30 km/h	30 km/h	100 ms	90%	99%
#7 即将碰撞	20 m	80 km/h	160 km/h	20 ms	95%	—

6.1.2 LTE V2X 工作场景和工作模式

6.1.2.1 工作模式

LTE V2X 以 LTE 技术为基础，同时参考 DSRC 的设计，包括以下三种工作模式：

（1）基于 PC5 接口的终端直通的 V2V 通信，如图 6-1 所示；

（2）基于 Uu 接口的 V2I 和 V2I2V 通信，如图 6-2 所示；

（3）基于 PC5 和 Uu 接口的 V2X 通信。

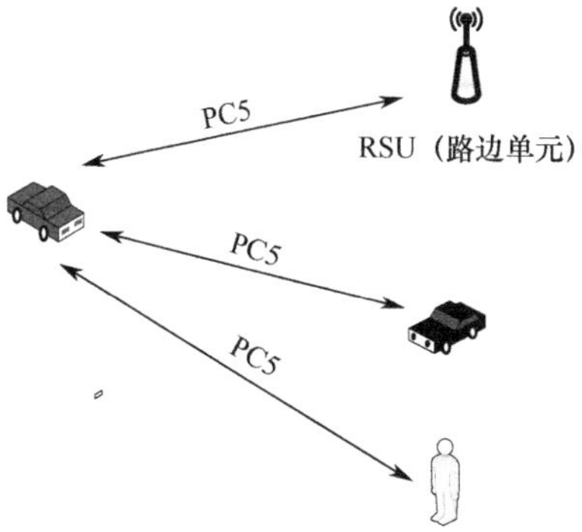

图 6-1　基于 PC5 接口的终端直通的 V2V 通信

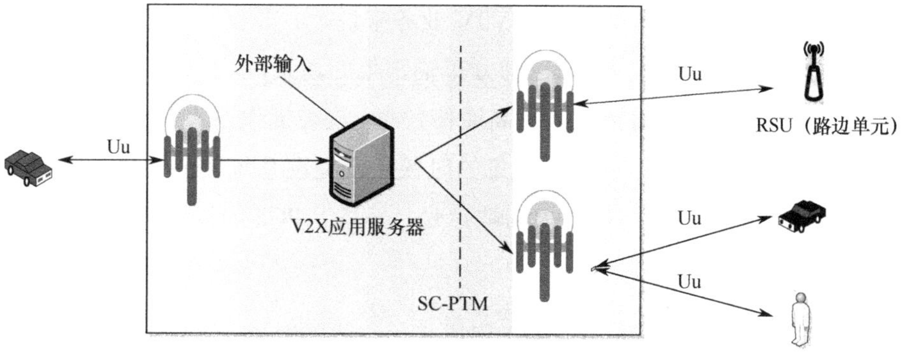

图 6-2　基于 Uu 接口的 V2I 和 V2I2V 通信

图 6-1 和图 6-2 中 RSU 是路边单元，V2X 应用服务器是 IP 层及以上的服务器，采用 SC-PTM 的方式组播/广播。

基于终端直通（PC5）的工作方式是基本工作方式，具有低时延、通信容量大和无须网络设备（基站或路边单元）即可工作的优点，是 V2X 安全类业务的主要工作方式。根据 PC5 接口的资源分配方式， 3GPP 将 V2V 分为两种工作方式：

（1）Mode 3：V2V 通信使用的资源是由网络分配的；

（2）Mode 4：V2V 通信使用的资源是车辆在资源池中自选的。

两者相比较，其优缺点见表 6-2。考虑到 Mode 3 对网络的依赖，目前业界更倾向选择 Mode 4 作为产品默认配置。

表 6-2 Mode 3 和 Mode 4 对比

工作方式	优 点	缺 点
Mode 3	网络调度，资源不会碰撞	依赖网络部署； 可能存在较大时延； 根据运营商部署情况，可能会使用运营商的授权频谱
Mode 4	不依赖网络部署，可脱离网络工作； 通常时延较低； 无须使用运营商授权频谱	存在资源碰撞概率，需要使用一定的检测机制

同时，值得注意的是，对于 V2V 业务来说，并非仅有 PC5 直通方式，还有 V2I2V 的网络转发方式。在部分车辆密集的场景，基于网络转发的 V2V 可以利用网络下行广播特性来提高通信效率。这种工作方式最大的优势是：可以扩大通信的范围，在车辆密集的时候可以提高系统效率、减少碰撞。这种转发方式的 V2V 通信最大的缺点是：与基于 PC5 的直通方式相比，时延较大。

目前，部分运营商在研究中表现出了一定的兴趣，认为这种方式在发送车辆事故或道路拥堵信息的时候可以传播得更远。在实际部署中，这种工作方式中的下行广播既可以是工作在 V2X 的专用频率上，还可能会工作在运营商的授权频谱上，具体取决于运营商的部署策略。

6.1.2.2 工作场景

LTE V2X 根据运营商的部署情况。可分为三种 V2X 部署场景，如图 6-3 所示。

场景 1：没有运营商的基础设施，仅有车与车之间直接通信业务。

场景 2：多个运营商各自服务一部分车辆，车辆之间需要跨 PLMN 互通。

场景 3：一个区域内仅有一个运营商，部分车辆工作在网络覆盖内，部分车辆工作在网络覆盖外。

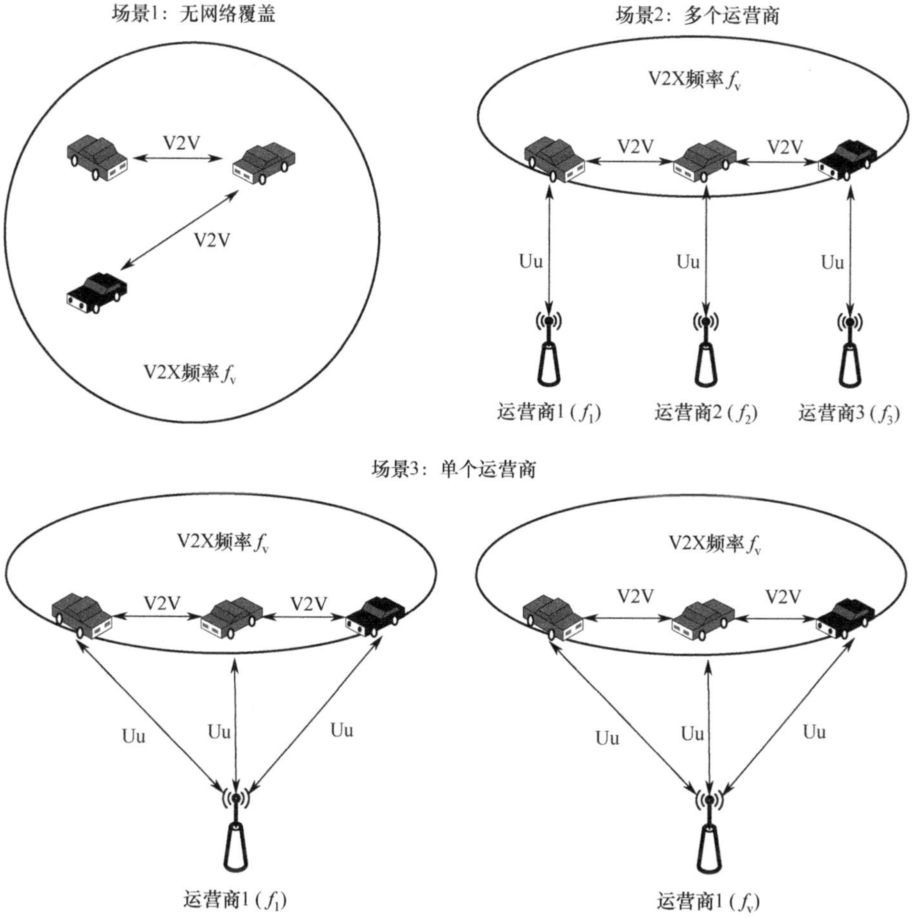

图 6-3 三种 V2X 部署场景

这三种场景中，场景 1 无须运营商投资建设网络，只需要车辆具有支持 PC5 直接通信能力即可。考虑到无缝覆盖的巨大投资和安全类业务要求没有通信盲区的特点，场景 1 被认为是安全类应用的默认部署场景。场景 2 考虑了多个运营商部署的场景，不同运营商在 Uu 接口分别使用不同的授权频率，而在车辆之间的 PC5 接口使用同一频段发送、接收。场景 3 是单运营商场景，两个子场景区别在于 Uu 接口使用的频率是否与 PC5 相同。场景 2 和 3 中的 f_1、f_2 和 f_3 可能是运营商的授权频率，而 f_v 可能是 V2V 专用频率，授权频率优势在于没有来自其他运营商和其他系统的干扰，而场景 3 的第 2 个子场景可能会出现 Uu 接口与 PC5 接口之间相互干扰协调的问题。

这三种场景都被纳入 3GPP 的研究范畴，区别在于资源分配、车辆互通和网络管理，在物理层设计并没有显著区别。

正如上文分析，C-V2X 最重要的特性是终端间基于 PC5 的直接通信，即 V2V 模式。3GPP Release 14 的 V2V 通信是基于 Release 12 的 D2D（sidelink）特性设计的，借用了终端之间基于 PC5 的直接通信机制，针对 V2V 的系统要求进行了优化设计。下文将从 V2V 面临的挑战开始分析，从物理层和高层分别介绍 Release 14 的系统设计。

6.1.3 物理层技术

C-V2X 的物理层设计有三个挑战：

（1）车辆高速移动带来的多普勒频移。多普勒频移随着车速增加而增大，德国运营商和制造商提出 250 km/h 的单向最高车速，即对向而来的车辆需要在 500 km/h 的相对车速下保持有效通信，这种情况给信道估计带来巨大挑战。

（2）高频（5.9 GHz）带来的频偏。通信系统的频偏通常采用百分比来定义相对值，当载频为 5.9 GHz 时，0.3×10^{-6} 的相对频偏对应于接近 1800 kHz 的绝对频偏。从系统角度来看，这种情况和高速移动的多普勒频移类似，会给信道估计带来巨大挑战。

（3）D2D 传输的半双工特性。D2D 系统设计时关注传输距离，采用了控制信息和数据分时传输的方式，同时采用了递增冗余的方式来提高接收成功率。由于 V2V 延续了 D2D 的半双工传输和接收方式，这种传输次数过多的机制会限制系统容量。

3GPP 在 Release 14 的标准化过程中分别针对以上技术挑战开展研究，并在以下几个方面增强了系统。

（1）针对多普勒频移和高频的频偏，3GPP 采用了增加导频密度的方法来增强信道估计性能。

（2）针对半双工特性，3GPP 改进了控制信息和数据信息传输方式。

接下来将分别介绍这两种改进技术。

6.1.3.1　增加密度的导频设计

LTE 的上行解调参考信号（Demodulation Reference Signal，DMRS）是用来辅助基站解调终端上行物理上行共享信道（Physical Uplink Shared Channel，PUSCH）信号的，分别位于第 3 和第 10 个符号。仿真显示，两个符号的 DMRS 设计无法为高速和频偏联合影响下的信道做准确的估计，相应的物理层误块率也较大。图 6-4 是 3GPP RAN1 提案[4]的仿真结果，显示在高速（140 km/h）时误码率性能很差，在 10%的位置遇到了误码平台（Error Floor）。

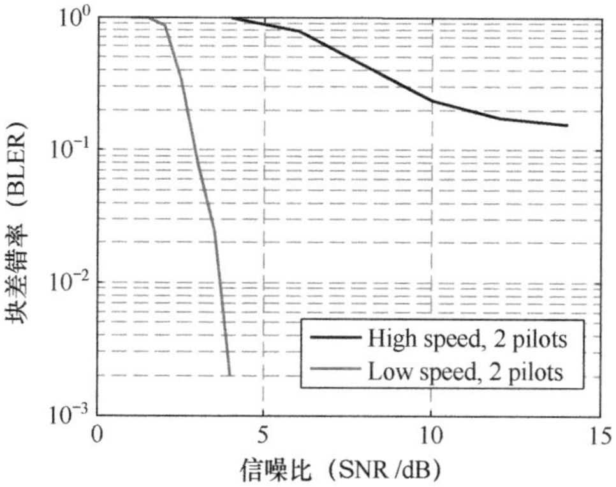

图 6-4　使用 LTE DMRS 的 V2V 性能（Low speed = 15 km/h，High speed = 140 km/h）[4]

由于移动速度较低，在 Release 12 的 D2D 设计中，DMRS 沿用了如图 6-5 所示的两个符号 DMRS 的设计。

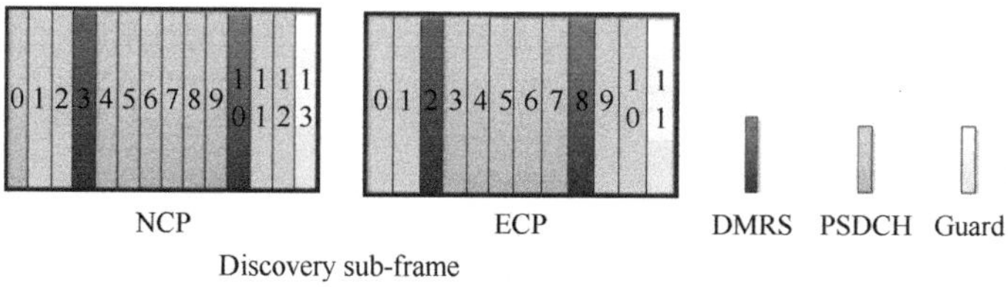

图 6-5　D2D DMRS 设计

针对 V2V 高速移动的要求，3GPP 开始考虑采用增加密度的 DMRS 设计，这时出现了三种方案：

（1）增加一倍 DMRS 密度，即如图 6-6 所示的采用每子帧 4 个 DMRS 设计。

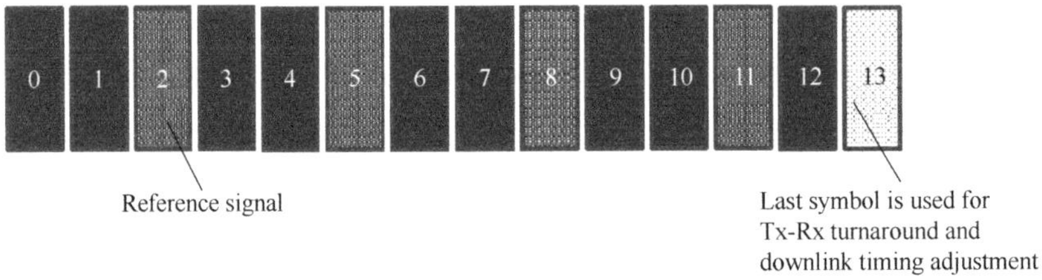

图 6-6　增加一倍密度后的 DMRS 设计

（2）采用新的导频设计，即如图 6-7 所示的占用部分频率的全部符号，在频域插值进行信道估计，这种方案被称为 2H[5]。

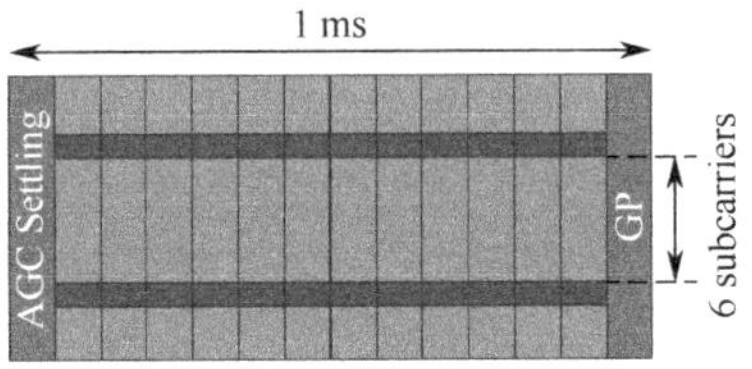

图 6-7　“2H”DMRS 设计[5]

（3）增加子载波间隔，将 15 kHz 的 SCS 增大到 30 kHz[4]。

在这三种方案中，第一种对现有标准影响最小，第二种和 DSRC 的导频设计一致，第三种改变了 LTE 基本参数，对标准影响最大。

通过评估，3GPP 认为这三种方案都可以满足数据解调要求，但是第一种方案对标准影响较小，最终采纳了这种方案[3]。具体在每子帧 4 个 DMRS 设计中，还出现了 DMRS 占用不同符号的几种方案。最终，通过性能比较，采用了 DMRS 均匀摆放的方案。

同时，针对高速（250 km/h）的场景，BLER 性能如图 6-8 所示，3GPP 也做了分析，认为降低数据的调制与编码策略（Modulation and Coding Scheme，

MCS）等级，4 个 DMRS 的设计完全可行。

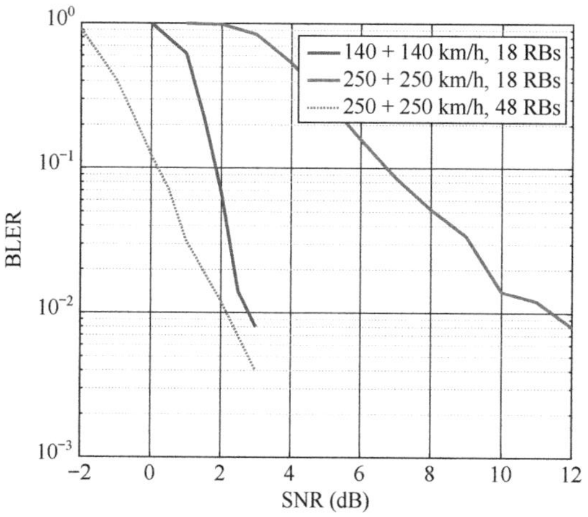

图 6-8　BLER 性能（300 Byte，QPSK，2 个天线发送，随机频率误差）

6.1.3.2　改进的控制和数据传输

在 Release 12 D2D 的设计中，Mode 3 和 Mode 4 的控制信息与数据示意如图 6-9 所示，UE 需要发送控制信息（Control）和数据信息（Data），这两个部分在不同的时间发送，即 UE 先发送控制信息，然后发送对应的数据信息。这种发送方式的好处在于 UE 在特定时间只发送控制或数据信息，可以用全部功率发送控制或数据信息，对于扩展通信范围是有利的。这种发送方式的缺点也很明显，由于半双工限制，UE 在发送时无法监听，会有较大概率错过别的 UE 发送的消息。

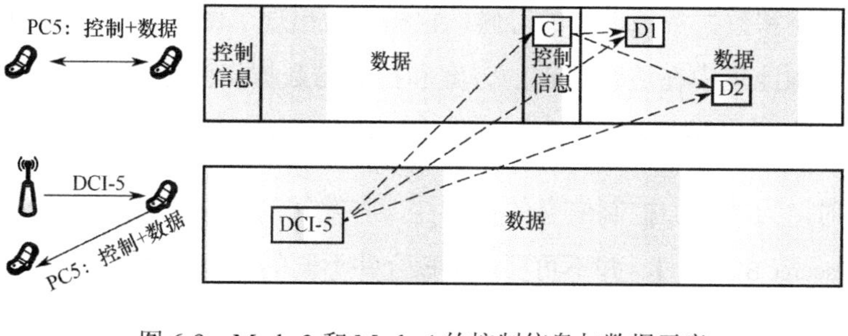

图 6-9　Mode 3 和 Mode 4 的控制信息与数据示意

使用 V2V 业务的车辆周期性发送信息，整个系统对于并发用户数量要求很高，因此时分发送控制和数据信息变得不可行，同时时分发送会让UE过多地处在发送状态而错过周围车辆的信息。因此，V2V的控制和数据信息被定义为同时使用不同的频率资源发送。

在标准制定过程中，3GPP出现了两种方案，即控制（PSCCH）和数据（PSSCH）相邻方案与控制和数据分离方案。前者要求控制和数据使用相邻的频率资源，好处在于用户间的干扰较小，相应的UE功率回退要求低；后者要求控制和数据使用不同的频率资源，好处在于可以支持专门的资源池设置，减小控制信息盲检测概率。两种方案各有优缺点，最终被同时列为标准中的选项，由终端实现决定。

图6-10是PSSCH和PSCCH信道配置在同一时间的发送示意图，同时包括了PSSCH和PSCCH相邻和不相邻两种通信模式。

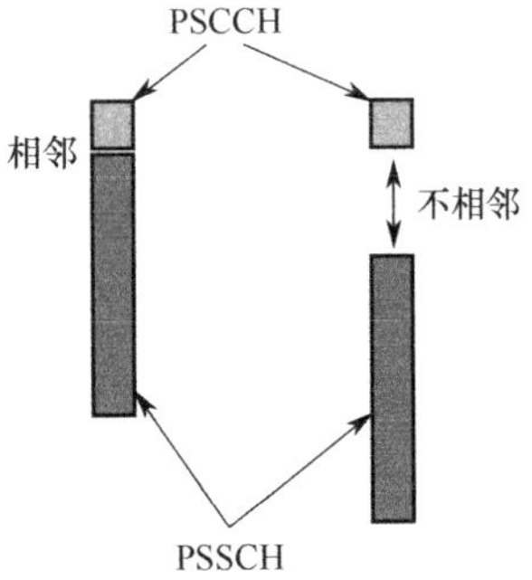

图6-10　PSSCH和PSCCH信道配置在同一时间的发送示意图

在控制和数据资源设计的时候，也相应地出现了图6-11中的两种方案，即控制资源池集中在边带传输的方案和控制与数据资源池在频域交叉传输的方案。标准同时支持这两种方案，具体配置由系统实现决定。

同时，为了增加控制信息的可靠性，将发送的时频资源增加一倍[到两个RB（Resource Block）]，并不再要求UE合并不同的控制信息。

为保证数据的可靠性和传输距离，Release 12的D2D支持数据多次传输。由于V2V传输时更关注周围车辆是否能够收到消息，对于距离较远的车辆并不特别在意，所以对于多次传输并没有特别要求。同时，考虑到多次传输会占用系统资源，限制系统的容量（支持同时发送消息的车辆数目），所以将消息最大传输次数限定在两次。

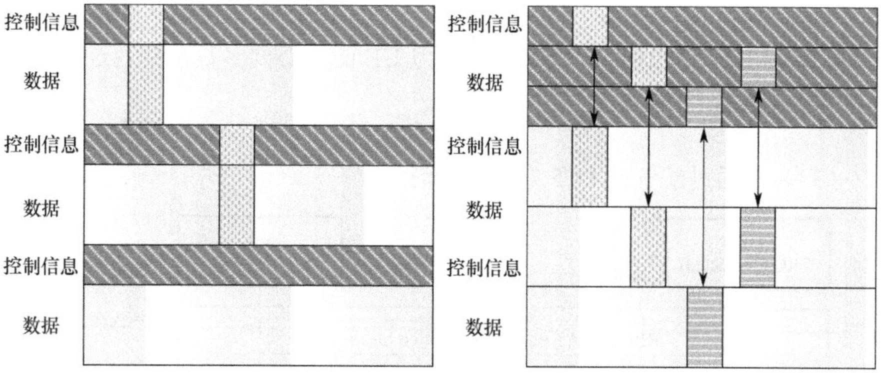

图 6-11 控制和数据信息资源池设计

6.1.4 资源分配方式

6.1.4.1 Mode 3——基站调度

Mode 3，即基站调度，基站为车辆分配资源有两种方式：半静态调度和动态分配。

V2V 的消息在欧盟、美国的标准体系定义不完全相同，但是，都可分为周期性消息和事件触发消息。周期性消息通常是车辆位置、行驶方向等信息的定期更新，频率通常在 1～10 Hz 之间；事件触发消息在首次发送之后也会周期性发送一段时间。因此可以说，V2V/V2X 的消息具有周期性发送的特点。针对这一特点，V2X 改进了半静态调度（Semi-Persistent Scheduling，SPS）算法。首先 UE 可以支持多达八个 SPS 配置，而且还可以同时被激活。在配置 SPS 时，基站会将 UE 上报信息作为参考，设定 SPS 开始时间、相邻两次传输间隔等信息。

采用图 6-12 所示的 SPS 方式配置资源后，可以节省基站的调度开销，同时附近车辆还可以根据调度信息“预测”未来资源使用情况，从而更加准确地选取传输资源。为了让读者准确了解信令流程，图 6-12 中保留了消息的英文描述，其中文含义如下：

（1）UE 通过 RRC 消息发给 eNB，请求为发送配置资源；

（2）eNB 通过 RRC 连接配置消息为 UE 配置必要参数，并通过 DCI 5A 消息配置实际传输资源；

（3）UE 通过配置的 PC5 资源发送消息。

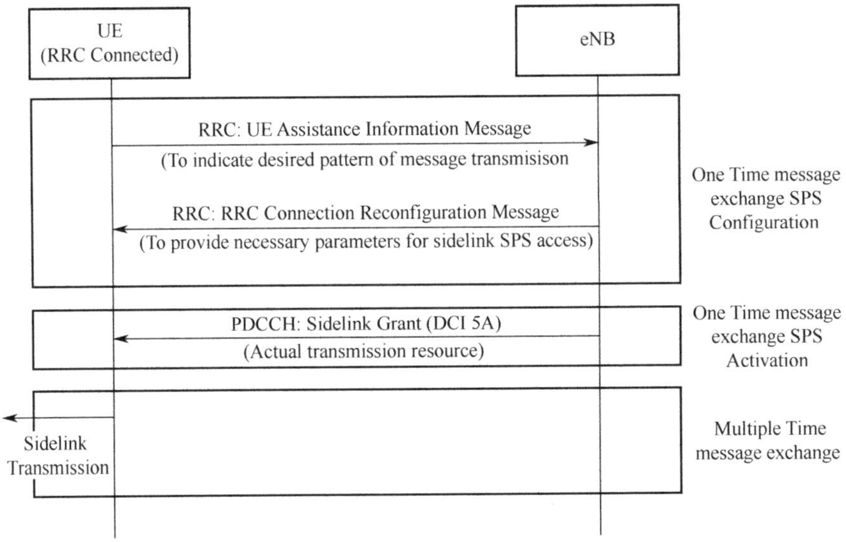

图 6-12　改进的半静态资源调度

此外，针对事件触发消息，基站还必须支持动态资源调度，这种方式主要适用于事件触发的消息，即图 6-13 中 UE 在每次传输之前均单独请求资源。与图 6-12 中的半静态配置不同，图 6-13 是动态资源调度，区别在于 eNB 为终端配置 RRC 连接参数之后，其信令流程中文含义如下：

（1）UE 通过 BSR 消息上报传输的数据大小和相应的占用资源数量；

（2）eNB 通过 DCI 5A 消息配置 UE 传输使用的资源，随后 UE 使用配置的资源进行 PC5 发送。

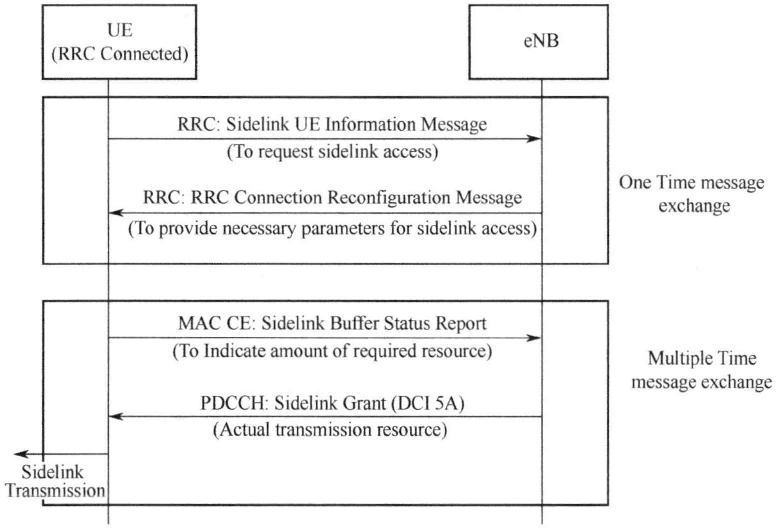

图 6-13　动态资源调度

6.1.4.2　Mode4——增强的用户感知资源分配方法

Mode 4 避免了基站调度资源的开销，同时缓解了车辆（终端）对基站及网络的依赖性。这种模式下，基于用户感知的资源分配方式如图 6-14 所示。其中文含义如下。

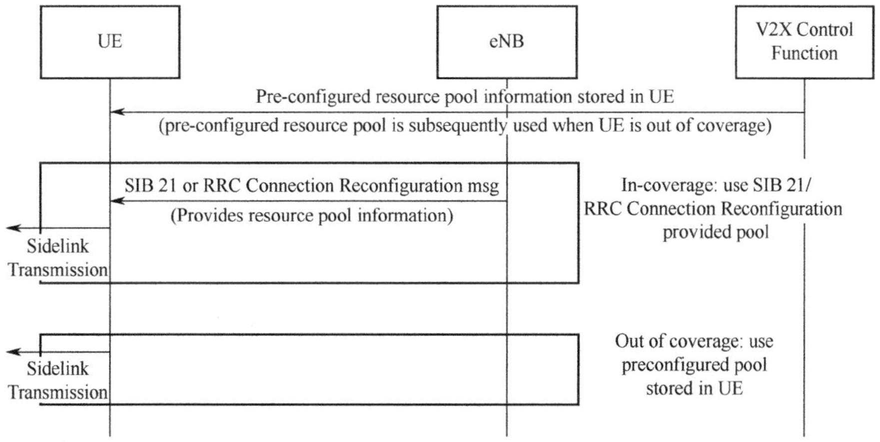

图 6-14　基于用户感知的资源分配方式

（1）由于无法保证车辆始终行驶在有网络覆盖的地区，V2X 控制单元会预先配置一些资源池供车辆在没有网络的情况下使用；

（2）当车辆处于网络覆盖下时，基站通过 SIB 消息（SIB 21）或 RRC 信令配置车辆可使用的资源池信息，以供车辆在资源池中选择合适的资源发送。

Release 14 的 V2V 资源分配方案是结合用户感知的竞争式资源分配方法，有三个特点：

（1）使用了资源感知方法，即通过测量估计信道使用情况。

（2）UE 读取资源调度信息，通过 V2V 业务的半静态调度特性对未来的资源使用做出预测，躲避碰撞。

（3）结合不同数据的优先级，保证优先级较高的数据优先发送。

3GPP 比较了不同场景（高速公路、城市道路）使用增强的用户感知资源分配方法和 DSRC 调度方法的性能。在高速公路场景中的包正确接收率与传输距离的关系曲线如图 6-15 所示，采用增强的用户感知资源分配方法后与 DSRC 资源分配方法比较，仿真条件：高速公路，140 km/h，仿真区域内 600 辆车。在城市道路场景中的包正接收率与传输距离的关系曲线如图 6-16 所示，同样采用增强的用户感知资源分配方法后与 DSRC 资源分配方法比较，仿真条件：城市道路，60 km/h，仿真区域内 590 辆车。结果表明：

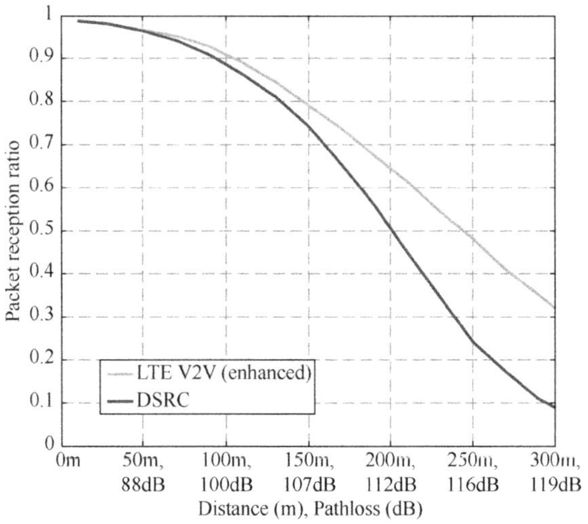

图 6-15　在高速公路场景中的包正确接收率与传输距离的关系曲线

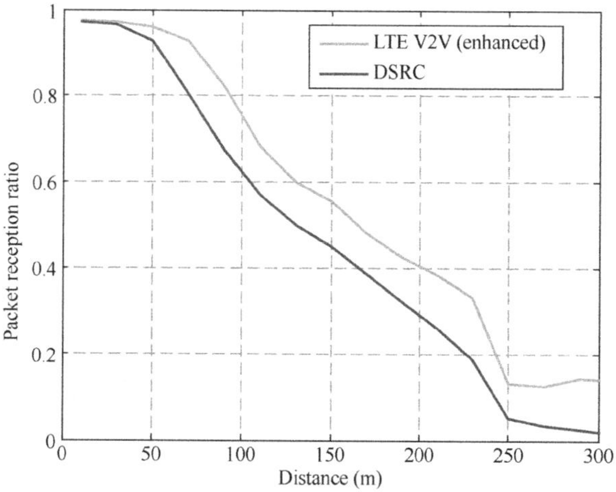

图 6-16　在城市道路场景中的包正确接收率与传输距离的关系曲线

（1）高速公路场景：随着通信距离的增加，改进算法的性能优势增加。

（2）城市道路场景：改进算法表现出稳定的性能优势。

6.2　5G V2X

6.2.1　eV2X 需求与应用场景

SA1 在 Release 15 中进一步研究了面向自动驾驶的 eV2X 的标准制定[7]。在研究中，3GPP 确定了图 6-17 中的四个增强方向[1]，分别是车辆编队行驶、远程驾驶、车载传感器数据实时共享和增强体验驾驶。SA1 对这几个方面提出了更高的要求，以时延为例，远程驾驶要求端到端的时延不能超过 5 ms；同时在传输的数据速率方面，增强体验驾驶和车载传感器数据实时共享等应用要求数十兆比特每秒的数据速率，当支持高度自动驾驶场景时，车载传感器数据共享要求高达 1 Gbps 的传输速率。

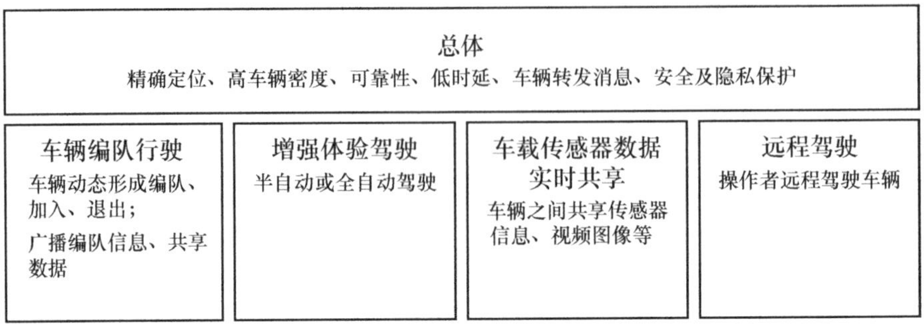

图 6-17　eV2X 场景

6.2.2　研究计划

SA1 确定的 eV2X 场景是对 Release 13 V2X 的场景的升级，从低速率的安全类应用升级到了面向自动驾驶的高速率应用。目前基于 NR 的 V2X 立项正在讨论之中，图 6-18 是目前正在讨论的一种 LTE-V2X 和 NR-V2X 的互补技术的协作方式。

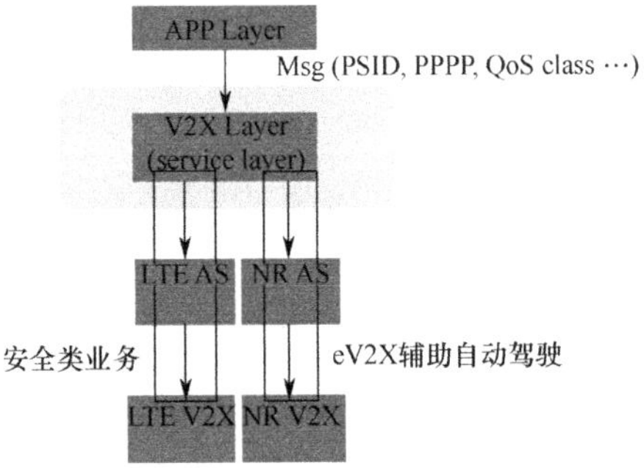

图 6-18　LTE-V2X 和 NR-V2X 是互补技术的协作方式

在图 6-18 中，V2X 业务在应用层发起时会根据不同的业务类型配置 PSID，V2X 业务层根据 PSID 分流业务。当 PSID 指示安全类业务时，业务层将数据分流至 LTE V2X 传输，这样可以支持现有终端继续工作；当 PSID 指示面向自动驾驶的 eV2X 新型业务时，业务被分流至 NR 传输，以满足高速率、低时延传输要求。在这种机制下，应用层对具体的接入方式（LTE 或 NR）并不知晓，同时接入层根据业务层分配进行传输，既保证网络中只支持 LTE-V2X 的存量汽车可以发送、接收安全类消息，又能让新车辆支持 eV2X 的新型业务。

6.3　DSRC 与 C-V2X 技术比较

从前面的介绍可知，C-V2X 是 3GPP Release 14、15、16 和未来基于 LTE/NR 的 V2X 技术的总称，本节将 C-V2X 技术与 802.11p（DARC 的标准化）从工作模式、无线技术和用户三个方面进行全面比较。为了便于读者分辨 C-V2X 已有版本和未来协议的发展方向，本节将已经完成的 Release 14 和 Release 15 合并，将还未完成的 Release 16 部分单独列出。

表 6-3 比较了两类技术的工作模式。总体来说，802.11p 和 C-V2X 相当，区别主要在于：

（1）从传输时延来看，802.11p 可以满足 100 ms 内完成传输的要求，但并没有准确的数据；Release 14 的传输时延（PC5）是 4 ms 而 Release 16 的设计目标是小于或等于 1 ms。

（2）在网络通信能力方面，由于 C-V2X 是与成熟的 3GPP 接入网通信，能力要远远强于 802.11p 协议中的 RSU。

表 6-3　工作模式比较

无线技术	802.11p	C-V2X Release 14/15	C-V2X Release 16（预期）
协议是否完成	已完成	Release 14 和 Release 15 已完成	计划于 2019 年完成

（续表）

无线技术	802.11p	C-V2X Release 14/15	C-V2X Release 16（预期）
是否支持低时延传输	是	是（Release 14 可低至 4 ms）	是（设计目标≤1 ms）
是否支持网络通信	有限支持，通过 AP 可与网络连接	是	是
是否可以不依赖网络通信	是	是	是
是否可以在 ITS 5.9 GHz 频段工作	是	是	是
是否可以不使用 SIM 卡	是	是	是
在 V2V/V2I/V2P 链路是否具备信息安全和隐私保护功能	使用 IEEE 和欧洲 ITS-G5 或相关协议	使用 IEEE 和欧洲 ITS-G5 或相关协议	使用 IEEE 和欧洲 ITS-G5 或相关协议
在 V2N 链路是否具备安全和隐私保护功能	不具备	是	是
在 5.9 GHz ITS 频段共存	是，可与 C-V2X 技术在相邻信道共存	是，可与 802.11p 技术在相邻信道共存	是，可与 802.11p、LTE-V2X 和未来的 Wi-Fi 技术在相邻信道共存
是否有演进计划	不清晰	是	是，并于 Release 14/15 的 LTE-V2X 技术兼容

（3）演进路线方面，802.11p 暂时没有下一步的技术演进路线，即性能没有增强的计划，而 3GPP 正在规划 Release 16 面向自动驾驶的 V2X 技术。

无线技术比较见表 6-4，802.11p 和 C-V2X 设计区别较大，这主要因为 802.11p 基于 802.11 进行了时延优化，而 C-V2X 基于 LTE 和 NR 空口技术进行了优化。主要区别如下：

（1）802.11p 是非同步系统，而 C-V2X 是同步系统。这主要是因为同步设计可以让 C-V2X 系统减小干扰，便于不同用户甚至 C-V2X 用户与蜂窝用户共存。

（2）C-V2X 的用户可以支持 FDM 和 TDM，而 802.11p 只能支持 TDM。

（3）信道编码不同，Release 16 的 V2X 技术将采用 NR 的 LDPC 设计，相比于 Turbo 码的解码时延和复杂度更低，性能也更优，与 802.11p 的卷积码比较，性能优势更加明显。

（4）波形方面，Release 14/15 采用了覆盖更好的 SC-FDM 技术，Release 16 目前还未确定，较大可能采用适用于 MIMO 的 OFDM 技术，以支持更大的数据速率，而 802.11p 也采用了 OFDM 技术。

（5）资源分配方面，802.11p 采用了 CSMA-CA 技术，而 Release 14/15 增加了基于 SPS 的信道预测，性能优于纯竞争式资源分配，Release 16 目前还无法预测。

（6）多天线支持方面，802.11p 没有规范这个内容，由终端自由实现；Release 14/15 规范了接收分集（强制）和发送分集（可选）；Release 16 预期会采用至少 2 天线的发送/接收技术，可能会引入更多天线的收/发技术。

表 6-4　无线技术比较

无线技术	802.11p	C-V2X Release 14/15	C-V2X Release 16（预期）
是否同步	异步	同步	同步
信道带宽	10/20 MHz	Release 14 – 10/20 MHz	10/20 MHz 和宽带（Wideband） （e.g. 40/60/80/100/…MHz
资源复用方式	TDM only	TDM and FDM	TDM and FDM possible
数据信道编码	Convolutional	Turbo	LDPC
HARQ	不支持	Release 14/15 – 支持	支持
波形	OFDM	SC-FDM	OFDM，但不能排除其他可能性
资源选择方式	CSMA-CA	半静态传输结合 LBT	目前无法确定
MIMO	标准不支持	接收：强制要求 2 天线分集 发送：支持 2 天线发送分集	支持更多天线发送、接收分集
调制	最高 64QAM	最高 64QAM	最高 256QAM

表 6-5 从用户示例比较来看，802.11p 支持 Day 1 的安全类应用，Release 14/15 还支持增强的安全类应用，而 Release 16 是面向自动驾驶的应用（大带宽、高精度定位）。从性能来看，C-V2X 有两方面的优势：

（1）用户间干扰小，支持并发用户数更多。

（2）有效通信距离大，可以给驾驶员提供更长的刹车反应时间。

表 6-5 用户示例比较

无线技术	802.11p	C-V2X Release 14/15	C-V2X Release 16（expected design）
目标用例	仅 Day 1 安全	Day 1 安全和增强的安全类用例	面向辅助自动驾驶的用例，包括高吞吐量传感器数据共享、本地高清地图更新等
性能			
支持车辆高密度行驶	可以，高密度时性能有损失	可以，高密度时可保证性能无损失	可以，高密度时可保证性能无损失
支持车辆高移动性	可以	可以	可以
有效通信距离（90%正确率、280 km/h 相对速度）	最高 225 m	PC5 直通模式超过 450 m 网络转发方式无限制	PC5 直通模式超过 450 m 网络转发方式无限制
典型业务传输频率	10～20 Hz	最高可达到 50 Hz	超过 100 Hz

为了直观呈现 C-V2X 在性能上的改进，本书通过仿真比较了汽车分别采用 C-V2X（Release 14）和 DSRC 时的最大容许刹车反应距离/时间（即汽车感知到前方危险后驾驶员拥有的反应距离/时间）。图 6-19 中的结果显示，相比于 DSRC，C-V2X 技术能够让驾驶员在更远距离的位置感知危险并开始刹车，也就是驾驶员拥有更长的刹车反应时间。图中例子是汽车以 140 km/h 行驶的时候，采用 C-V2X 的汽车拥有额外的 5.9 秒（9.2 秒−3.3 秒）来决定是否刹车。

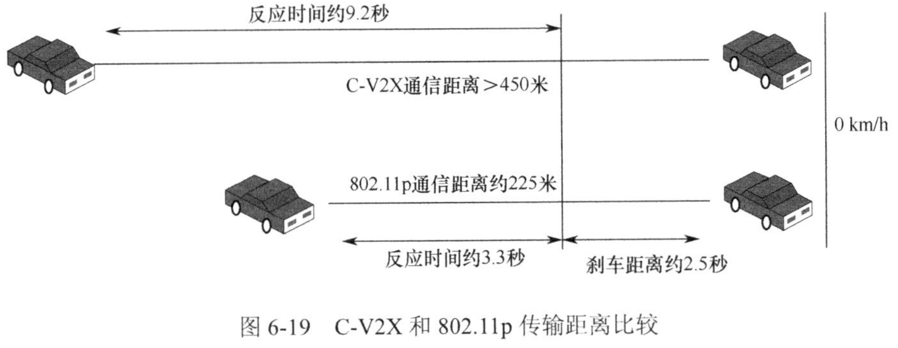

图 6-19 C-V2X 和 802.11p 传输距离比较

参考文献

[1] 3GPP TR22.885 v14.0. Study on LTE support for Vehicle to Everything (V2X) services[R].Dec. 2015.

[2] 3GPP TR22.185 v14.0. Service requirements for V2X services: Stage 1[S] Mar. 2016.

[3] 3GPP TS36.211 v14.0. Evolved Universal Terrestrial Radio Access (E-UTRA), Physical channels and modulation[S]. Sep. 2016.

[4] 3GPP R1-155756. Qualcomm. V2V Link Level Performance[R].Oct. 2015.

[5] 3GPP R1-157365. Ericsson. Physical Layer Format for V2X over PC5[R].Nov. 2015.

[6] R1-155327. LTE Numerology Change for V2V/V2X Communication[R]. Intel， Oct. 2015.

[7] 3GPP TR22.886 v15.0. Study on enhancement of 3GPP Support for 5G V2X Services[R].Dec. 2016.

第 7 章　V2X 高层协议

欧洲和美国分别定义了 V2X 消息，大体上可以分为周期性消息和事件触发类消息。前者包括车辆位置、运动速度等消息，后者是由事件触发（例如车辆故障）的。

本章分别对美国 SAE 在 J2735 中定义的消息字典/消息层，欧洲 ETSI 在 EN302 637-2 和 EN302 637-3 中定义的 CAM 和 DENM，以及 C-SAE 和 C-ITS 联合制定的应用层及数据交互规范进行简单介绍，详细内容可以参见对应的技术规范[1,2,3,4]。同时，本章节还介绍了中国汽车工程学会（SAE-China）定义的消息字典。

7.1　美国 SAE J2735 消息字典

SAE 在其规范 SAE J2735 中定义了消息层的具体消息类型、数据结构、消息编码方式等，包括用于基本安全消息（Basic Safety Message，BSM）的具体格式、编码方式等，该消息用于向周围车辆广播本车的位置、速度、方向角和运动轨迹等相关信息。同时，BSM 消息还支持事件触发消息，包括事件类型等消息。SAE J2735 中消息字典的定义按照消息→数据帧→数据单元的结构进行定义，并且采用 ASN.1 编码规则。对于消息类型，SAE J2735 一共定义了 17 种基本消息类型，包括基本安全消息（BSM）、地图数据（MAP）、信号相位和定时消息（SPAT）等，下文列出了具体的消息种类。各个消息均由数据帧和数据单元组成。SAE J2735 一共定义了 155 种基本数据帧和 230 种基本数据单元，以及若干拓展的区域（regional）的数据帧和数据单元。

- MessageFrame（信息帧）
- BasicSafetyMessage（基本安全消息）
- CommonSafetyRequest（通用安全请求）
- EmergencyVehicleAlert（EVA）（紧急车辆警报）
- IntersectionCollisionAvoidance （ICA）（路口碰撞避免）
- MapData（MAP）（地图数据）
- NMEAcorrections（NMEA）（修正）
- ProbeDataManagement（PDM）（探针数据管理）
- ProbeVehicleData（PVD）（探针车辆数据）
- RoadSideAlert（RSA）（路边警报）
- RTCMcorrections（RTCM）（修正）
- SignalPhaseAndTimingMessage（SPAT）（信号相位和定时消息）
- SignalRequestMessage（SRM）（信号请求消息）
- SignalStatusMessage（SSM）（信号状态消息）
- TravelerInformationMessage（TIM）（旅行者信息消息）
- VulnerableRoadUserSafetyMessage（VRU）（行人安全消息）
- TestMessage（测试消息）

为了进一步解释消息的内容，下面给出了 BSM 消息 ASN.1 代码，详细信息以及其他消息结构及其确切定义参见本章参考文献[1]。

【ASN.1 代码】

```
BasicSafetyMessage ::= SEQUENCE {
--Part I, Sent at all times with each message
  coreData     BSMcoreData,
```

```
    --Part II Content
      safetyExt     VehicleSafetyExtensions,  OPTIONAL
      special       SpecialVehicleExtensions      OPTIONAL,
      supplemental  SupplementalVehicleExtensions OPTIONAL,

      regional RegionalExtension {REGION.Reg-BasicSafetyMessage}
    OPTIONAL,
      ...
      }
```

可以看出，BSM 消息主要包括两部分，一部分属于必须包含的部分；另一部分则属于拓展和补充部分，包括安全相关的拓展（主要包含车辆轨迹信息以及车灯信息）、特殊车辆信息（主要包括如紧急车辆、警车等具备特殊用途的车辆信息），以及补充信息（包括探测到的道路障碍物信息、道路天气信息等），此外还可以依据各地区不同的道路交通情况再进一步扩展。下面给出了 BSM 消息中必选的数据帧，可以看出其中包括了时间戳、消息计数、标记、位置信息（经纬度以及海拔）、精度信息、速度、车辆朝向/角度以及四轴加速度信息等。

【ASN.1 代码】

```
    BSMcoreData ::= SEQUENCE {
      secMark          DSecond,
      msgCnt           MsgCount,
      id               TemporaryID,
      lat              Latitude,
      long             Longitude,
      elev             Elevation,
      accuracy         PositionalAccuracy,
      transmission     TransmissionState,
      speed            Speed,
      heading          Heading,
      angle            SteeringWheelAngle,
      accelSet         AccelerationSet4Way,
      brakes           BrakeSystemStatus,
      size             VehicleSize
      }
```

7.2　ETSI CAM/DENM

7.2.1　CAM

CAM 全称为 Cooperative Awareness Message，即协同感知消息，从其名称定义上可以看出，其主要用于在 ITS Station 之间交换信息，以使得 ITS Station 之间互相获知对方的存在和保持相互之间的联系，从而支持使用道路的相关参与方之间的协同。CAM 包含 ITS Station 的状态和属性信息，其中状态信息包括时间、位置、移动状态、激活的系统等，属性信息包括尺寸、车辆类型以及在道路交通中的角色等。接收到 CAM 的 ITS Station 可以获知发送 CAM ITS Station 的存在、类型及其状态信息，从而接收方可以依据该信息支撑其相应的 ITS 应用。例如，通过对比发送 CAM 信息的 ITS Station 和自身的状态信息，可以估计与发送方可能存在的碰撞风险，从而在有必要的情况下通过人机接口（Human Machine Interface，HMI）通知驾驶员。

CAM 消息由一个 ITS 协议数据单元（Protocol Data Unit，PDU）包头和多个容器（Container）构成。ITS PDU 数据包头包含协议版本、消息类型，以及产生消息的 ITS Station 标识，具体定义参见 ETSI TS 102 894-2。对于车辆类型的 ITS Station，一个 CAM 消息包含一个基本的 Container（包含与发送 ITS Station 相关的基本信息，包括 ITS Station 类型以及位置信息），一个信息动态变化的 Container（High Frequency Container，例如速度、方向信息等），以及可选的一个信息是静态或者半静态的 Container（Low Frequency Container，如车灯信息等）和一个或者多个特殊 Container（通常适用于车辆类型的发送方，包括相关车辆的角色，例如公共汽车、危险货物运输车、救援车辆等）。对于 RSU 类型的 ITS Station，其均包括一个基本的 Container 以及可选的其他类型的 Container。图 7-1 给出了一个 CAM 消息的上述组成部分结构示意。

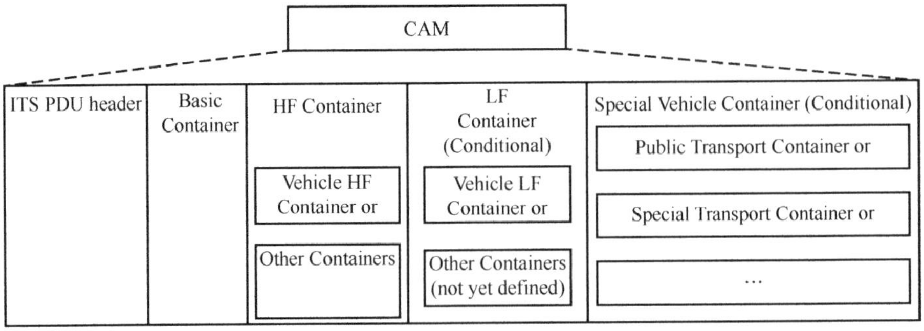

图 7-1　CAM 消息结构示意

每个 Container 由一系列可选的数据单元（Data Element）和/或必选的数据帧（Data Frame）构成。与 J2735 类似，CAM 信息也用 ASN.1 表示，采用 ITU-T X.691/ISO/IEC 8825-2 定义的非对齐压缩编码规则（Unaligned Packed Encoding Rules）进行具体编码和解码。其 ASN.1 代码如下，完整表示可以参考 ETSI EN 302 637-2 标准[2]。

【ASN.1 代码】

```
CAM ::= SEQUENCE {
    eader ItsPduHeader,
    cam CoopAwareness
}
CoopAwareness ::= SEQUENCE {
    generationDeltaTime GenerationDeltaTime,
    camParameters CamParameters
}
CamParameters ::= SEQUENCE {
    basicContainer BasicContainer,
    highFrequencyContainer HighFrequencyContainer,
    lowFrequencyContainer LowFrequencyContainer OPTIONAL,
    specialVehicleContainer SpecialVehicleContainer OPTIONAL,
    …
}
HighFrequencyContainer ::= CHOICE {
    basicVehicleContainerHighFrequency
    BasicVehicleContainerHighFrequency,rsuContainerHighFrequency
    RSUContainerHighFrequency,
```

```
    ...
}
......
BasicVehicleContainerHighFrequency ::= SEQUENCE {
    heading Heading,
    speed Speed,
    driveDirection DriveDirection,
    vehicleLength VehicleLength,
    vehicleWidth VehicleWidth,
    longitudinalAcceleration
    LongitudinalAcceleration,
    curvature Curvature,
    curvatureCalculationMode CurvatureCalculationMode,
    yawRate YawRate,
    accelerationControl AccelerationControl OPTIONAL,
    lanePosition LanePosition OPTIONAL,
    steeringWheelAngle SteeringWheelAngle OPTIONAL,
    lateralAcceleration LateralAcceleration OPTIONAL,
    verticalAcceleration VerticalAcceleration OPTIONAL,
    performanceClass PerformanceClass OPTIONAL,
    cenDsrcTollingZone CenDsrcTollingZone OPTIONAL
}
......
```

可以看出，对于车辆发送的 CAM 消息，与 J2735 类似，其中包括了车辆朝向、速度、尺寸、加速度信息，此外还包括了必选的车辆轨迹信息以及若干可选部分信息。

7.2.2 DENM

DENM 全称为 Decentralized Environmental Notification Message，即分布式环境通知消息，主要用于发送关于道路危险以及异常交通状况相关的信息。接收到该消息之后，如果相关信息与对应车辆相关，则由车载 ITS 应用将道路危险以及异常交通状况相关的信息呈现给驾驶员，从而使得驾驶员可以采取对应的措施。DENM 消息的发送可以重复进行直至相应的事件消失或者设定的发送时间超时为止，并且 DENM 消息可以被转发。DENM 具体的数据消息流示意如图 7-2 所示。

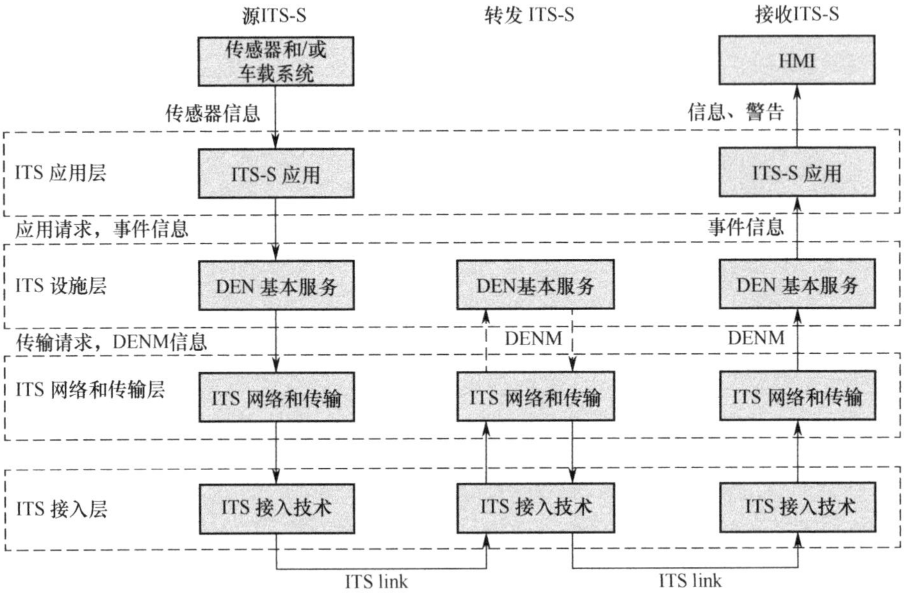

图 7-2　DENM 数据消息流示意

与 CAM 消息类似，DENM 消息也由一个 ITS PDU 数据包头以及多个 Container 组成。ITS PDU 数据包头包含协议版本、消息类型以及产生消息的 ITS Station 标识，具体定义可以参见 ETSI TS 102 894-2。DENM 净荷（Payload）由四个固定顺序的部分组成，包括管理 Container（包含 DENM 管理以及 DENM 协议）、Situation Container（监测到的事件信息）、位置 Container（事件位置信息以及参考系），以及“菜单（à la carte）” Container（对于特定的信息需要传输前面三个 Container 未包含的额外信息）。这些组成部分的规则如下：

（1）对于所有类型的 DENM 消息，ITS PDU 数据包头以及管理 Container 是必须包含的，而其他的是可选的；

（2）对于取消 DENM 或者协商 NENM 消息类型，Situation Container、位置 Container 以及“菜单（à la carte）” Container 均不存在；

（3）Situation Container 和位置 Container 总是同时存在；

（4）“菜单（à la carte）” Container 只在特定的情况下适用，如 ETSI TS 101

539-1、ETSI TS 101 539-2 和 ETSI TS 101 539-3 定义。

图 7-3 给出了 DENM 消息的结构示意图，同样与 CAM 消息类似，每个 container 也是由一系列数据单元和/或数据帧构成的。

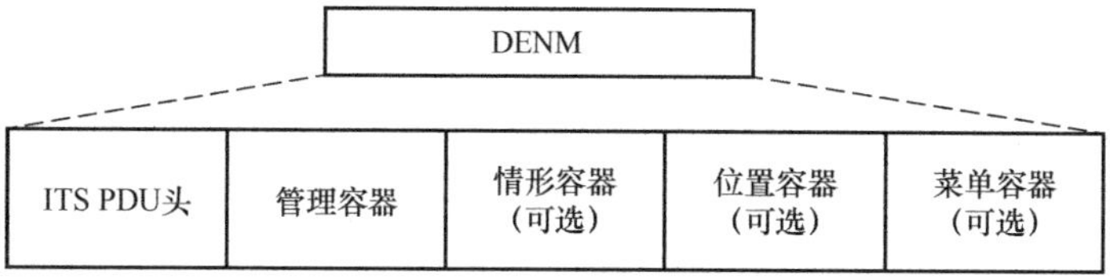

图 7-3　DENM 结构示意

DENM 消息也用 ASN.1 表示，采用 ITU-T X.691/ISO/IEC 8825-2 定义的 Unaligned Packed Encoding Rules 进行具体编码和解码。其 ASN.1 代码示意如下（重点给出了如何通过 DENM 指示道路施工信息），完整代码可以参考 ETSI EN 302 637-3 标准[3]。

【ASN.1 代码】

```
DENM ::= SEQUENCE {
        header ItsPduHeader,
        denm DecentralizedEnvironmentalNotificationMessage
}
DecentralizedEnvironmentalNotificationMessage ::= SEQUENCE {
        management ManagementContainer,
        situation SituationContainer OPTIONAL,
        location LocationContainer OPTIONAL,
        alacarte AlacarteContainer OPTIONAL
}
……
AlacarteContainer ::= SEQUENCE {
        lanePosition LanePosition OPTIONAL,
        impactReduction ImpactReductionContainer OPTIONAL,
        externalTemperature Temperature OPTIONAL,
        roadWorks RoadWorksContainerExtended OPTIONAL,
        positioningSolution PositioningSolutionType OPTIONAL,
        stationaryVehicle StationaryVehicleContainer OPTIONAL,
        …
```

```
    }
    RoadWorksContainerExtended ::= SEQUENCE {
        lightBarSirenInUse LightBarSirenInUse OPTIONAL,
        closedLanes ClosedLanes OPTIONAL,
        restriction RestrictedTypes OPTIONAL,
        speedLimit SpeedLimit OPTIONAL,
        incidentIndication CauseCode OPTIONAL,
        recommendedPath ItineraryPath OPTIONAL,
        startingPointSpeedLimit DeltaReferencePosition OPTIONAL,
        trafficFlowRule TrafficRule OPTIONAL,
        referenceDenms ReferenceDenms OPTIONAL
    }
```

道路施工信息通过 AlacarteContainer 包含的 RoadWorks 进行发布，其中包含了道路施工车辆是否开启了反光条信息或者警报信息、是否关闭了行车道、限速信息、建议的行驶路径信息等。

7.3 中国汽车工程学会（SAE-China）应用层及数据交互

中国汽车工程学会与中国智能交通产业联盟根据国内 V2X 发展需要联合制定了消息字典以及数据交互标准[4]，其中定义了包括 BSM 消息、MAP 消息、RSI 消息、RSM 消息以及 SPAT 消息。这些消息的消息结构和编码规则与 SAE J2735 采用的方式类似。下面给出该标准中定义的 BSM 消息的消息代码。

【ASN.1 代码】

```
    BasicSafetyMessage ::= SEQUENCE {
        msgCnt MsgCount,
```

```
        id OCTET STRING (SIZE(8)),
        plateNo OCTET STRING (SIZE(4..16)) OPTIONAL,
        secMark DSecond,
        pos Position3D,
        accuracy PositionConfidenceSet,
        transmission TransmissionState,
        speed Speed,
        heading Heading,
        angle SteeringWheelAngle OPTIONAL,
        motionCfd MotionConfidenceSet OPTIONAL,
        accelSet AccelerationSet4Way,
        brakes BrakeSystemStatus,
        size VehicleSize,
        vehicleClass VehicleClassification,
        safetyExt VehicleSafetyExtensions OPTIONAL,
            ...
        }
```

可以看出，其中消息计数、时间戳、车辆标示、位置信息、速度、车辆朝向/角度，以及四轴加速度信息与 SAE J2735 类似。考虑到国内电动车的迅速发展，上述消息增加/预留了用于电动汽车的标示。

RSM 消息与 BSM 消息类似，但用于 RSU 设备向外广播安全相关信息，其消息代码如下所示。

【ASN.1 代码】

```
    RoadsideSafetyMessage ::= SEQUENCE {
        msgCnt MsgCount,
        id OCTET STRING (SIZE(8)),
        -- RSU ID
        refPos Position3D,
        -- Reference position of this RSM message
        participants ParticipantList,
        -- All or part of the participants
        -- detected by RSU
        ...
        }
```

从中可以看出，其中主要的数据帧为 RSU 检测到的交通参与方。

7.4 三种消息的比较

通过比较这三个地区定义的消息，可以发现：

（1）三种消息都采用 ASN.1 描述，这种消息语言对产品开发有很好的支持，被广泛地使用在包括 3GPP 在内的标准中。

（2）中国的 V2X 消息与美国的消息结构类似，但部分消息（RSM）先于美国 SAE 定义完成。

（3）消息的基本组成类似。

参考文献

[1] SAE. Dedicated Short Range Communications (DSRC) Message Set Dictionary: J2735[S].

[2] ETSI. Intelligent Transport Systems (ITS); Vehicular Communications: Basic Set of Applications; Part 2: Specification of Co-operative Awareness Basic Service: EN 302 637-2[S].

[3] ETSI. Intelligent Transport Systems (ITS); Vehicular Communications; Specification of Decentralized Environmental Notification Basic Service: EN 302 637-3[S].

[4] 中国汽车工程学会，中国智能交通产业联盟. 合作式智能运输系统车用通信系统应用层及应用数据交互标准[S]. 2017-09.

[5] 3GPP. Study on LTE support for Vehicle to Everything (V2X) services: TR22.885 v14.0[R]. Dec. 2015.

[6] Future Forum&TIAA 车联网联合工作组. 智能网联汽车基本应用白皮书[R]. 2016-11.

[7] Future Forum&TIAA 车联网联合工作组. 智能网联汽车连接能力评测白皮书[R]. 2017-11.

第 8 章　车联网安全

车联网在给汽车和驾乘人员带来移动联网能力、远程和智能操控、新型信息服务、交通安全和效率提升等好处的同时，也让汽车和交通网络/平台与外部世界间有了更多接口和数据交互，从而使它们面临更多的安全风险。

近年来，关于车联网安全事件的报道不时出现在不同类型的媒体上，下面例举一些引起广泛关注的车联网安全事件。

2008 年，波兰一名 14 岁少年用一个改装过的电视遥控器控制了波兰第三大城市罗兹的有轨电车系统，导致数列电车脱轨、人员受伤。

2010 年，美国得克萨斯州奥斯汀市汽车经销商的一名前雇员远程入侵了本公司的计算机系统，招致大量客户投诉车辆发生故障，包括喇叭无故半夜鸣响、车辆无法发动等。

2014 年，360 公司安全研究人员发现特斯拉 Model S 车型汽车应用程序存在设计漏洞，攻击者利用该漏洞可远程控制车辆，包括执行车辆开锁、鸣笛、闪灯以及车辆行驶中开启天窗等操作。

2015 年，来自德国 ADAC 汽车协会的安全研究人员对宝马 Connected Drive 进行中间人攻击，通过伪基站对通信控制协议进行逆向工程后，伪造控制指令进行解锁汽车。

2015 年，HackPWN 安全专家演示了利用比亚迪云服务漏洞，开启比亚迪汽车的车门、发动汽车、后备箱等操作。

2015 年，查理・米勒和克里斯・瓦拉塞克攻击 Jeep Cherokee 车联网系统，利用 Linux 系统漏洞，远程控制汽车的多媒体系统，进而攻击瑞萨 V850

控制器，并对其固件进行修改，获取远程向 CAN 总线发送指令的权限，达到远程控制动力系统和刹车系统的目的，可在用户不知情的情况下降低汽车的行驶速度、关闭汽车引擎、突然制动或者让制动失灵。

2016 年，宝马车载娱乐系统 ConnectedDrive 曝出远程操控 0 day 漏洞，恶意攻击者可以借助这个漏洞绕过 VIN（车辆识别码）会话验证环节获取另一用户的 VIN，然后利用该 VIN 接入访问和编辑其他用户的汽车设置。

2016 年，安全研究员卡姆卡尔发现，利用安吉星导航系统的漏洞，能够远程控制超过数百万辆的通用汽车，两周后，这位黑客声称奔驰和克莱斯勒在售的汽车也同样容易受到攻击。

2016 年，在 Black Hat 大会上，查理·米勒和克里斯·瓦拉塞克演示了通过 OBD 接口设备，攻击汽车 CAN 总线，干扰汽车驾驶。此外，OBD 设备还可采集总线数据、伪造 ECU 控制信息，造成 TCU 自动变速箱控制单元等系统的故障。

2016 年，来自挪威安全公司 Promon 的专家在入侵用户手机后，获取了特斯拉 App 账户用户名和密码，然后登录特斯拉车联网服务平台，从而可以随时对车辆进行定位、追踪，并可解锁、启动车辆。

综上可知，为了应对这些安全风险，需要从多种维度加强车联网的安全防护。

8.1　车联网通信安全

在车联网和智能交通系统中，车、用户的智能手机等终端设备、交通基础设施、云平台、网络侧应用服务器等通过各种通信技术实现联网和信息交互。为了实现车联网的安全，首先应保证这些消息交互的安全，即保证通信安全。

8.1.1 V2X 通信安全

在本书的前面章节中已介绍了 V2X 通信包含车与车、车与路/车与交通基础设施、车与行人等各种通信形式，V2X 通信是实现碰撞预警、编队行驶、事故通告、接力感知、协作式交通等辅助或自动驾驶功能的关键技术之一。

V2X 通信有两种技术实现方式：

（1）IEEE 提出的 DSRC/11p 技术，该技术比较古老，性能有限；

（2）3GPP 提出的基于 LTE 和 5G 的 C-V2X 技术，这是一种新的技术，有更优的性能，且有明确的和持续的演进路标。

8.1.1.1 DSRC/11p 通信安全

DSRC/IEEE 802.11p 使用 IEEE 1609.2 标准中定义的安全机制来保障通信安全，其所使用的 WAVE 协议栈和安全协议如图 8-1 所示。

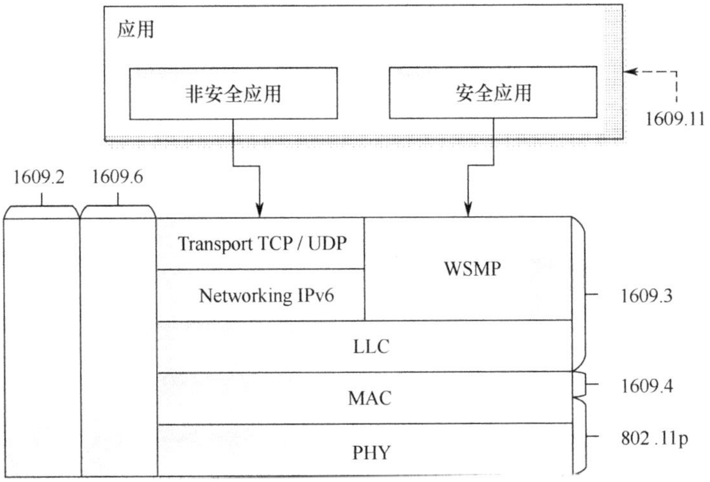

图 8-1 DSRC/11P 所使用的 WAVE 协议栈和安全协议

IEEE 1609.2[3]标准针对 WAVE 设备中的应用以及管理消息的安全服务作

出了规范，目标是防止窃听、重放、哄骗以及篡改攻击，并且能够保护用户的隐私，防止将个人的可识别类信息泄露给未授权的第三方。IEEE 1609.2 安全基于 CA 证书，是一种纯应用层的安全机制。IEEE 1609.2 标准中关于 WAVE 协议栈的安全服务如图 8-2 所示。

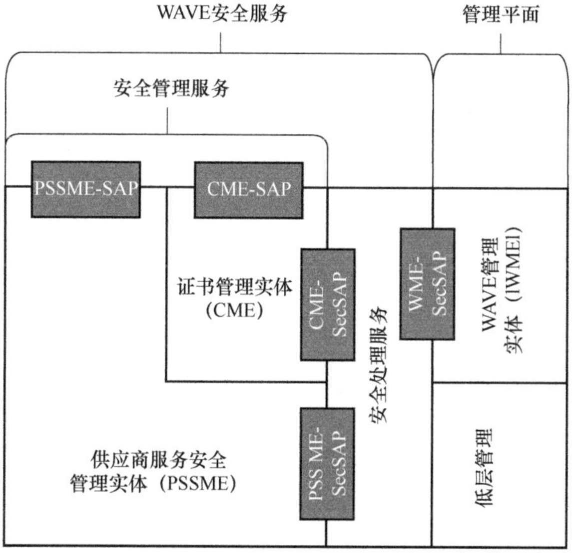

图 8-2　WAVE 协议栈的安全服务

WAVE 安全服务包括：

（1）安全处理服务：提供保护通信数据的安全处理服务；

（2）安全管理服务：通过证书管理实体（CME）和供应商服务安全管理实体（PSSME）来提供证书管理服务。

其中的安全处理服务负责基于 CA 证书对应用层 PDU（协议数据单元）进行加解密、签名和验签；对发送的 WSA（WAVE 业务公告）进行数字签名，对接收到的 WSA 进行验签；对证书请求消息进行签名；对证书请求响应消息进行验签和解密；对 CRL（证书撤销列表）消息进行验签；等等。

在安全管理服务中，证书管理实体（CME）负责管理证书的状态信息，包括自身的证书、通信对端的证书、CA 的证书等；供应商服务安全管理实体

（PSSME）为请求进行安全处理服务（Security Provider Service）公告的高层实体提供必要的安全支持，包括为安全处理服务分配标识 LSI-S、保存安全处理服务的业务许可以及安全处理服务在 WSA 中进行签名所需要的私钥证书。

8.1.1.2 C-V2X 通信安全

3GPP SA1 提出以下 C-V2X 安全需求：

（1）当车联网终端使用支持 V2X 通信的 E-UTRAN（Evolved Universal Terrestrial Radio Access Network）所提供的服务时，3GPP 网络应提供运营商授权车联网终端进行 V2X 通信的方法；

（2）即使 E-UTRAN 不支持 V2X 服务，3GPP 网络仍应提供一种运营商授权车联网终端进行 V2X 通信的方法；

（3）3GPP 网络应提供一种授权车联网终端使用车到网络通信服务的方法；

（4）3GPP 网络应保护车联网终端的匿名性和传输的完整性；

（5）根据监管机构的要求，3GPP 网络应保护采用 V2X 通信终端的匿名性和隐私性，保证车联网终端在 V2X 应用所要求的某一个短时间之内被识别，而在长时间内不能被其他终端追踪或识别；

（6）根据监管机构的要求，3GPP 网络应保护采用 V2V/V2I 通信终端的匿名性和隐私性，保证车联网终端不能被未经监管机构或用户授权的一方在该区域追踪。

基于 3GPP SA1 所提出的安全需求，3GPP SA3 在 Release 14 中对 C-V2X 的安全威胁和解决方案等进行了研究，研究成果记录在 3GPP TR 33.885[1]中。该研究报告的主要结论是：

（1）可以通过应用层安全机制（如 IEEE 1609.2）来满足 LTE-V2X 通信的授权检查、认证校验、完整性保护、抗重放攻击、机密性等安全需求。

（2）LTE-V2X 不强制要求启用 PC5 接口上的 V2X 通信数据机密性保护。

（3）对于直通链路发送模式 3，PC5 接口上的 LTE-V2X 通信的授权由网络控制。授权通过安全的 PC3 接口传输给车联网终端。

（4）车联网终端和位于归属 PLMN（Public Land Mobile Network，公共陆地移动网络）中的 V2X 控制功能（V2X Control Function）之间的 V3 接口宜使用 ProSe（邻近业务）中 PC3 接口的安全机制。

（5）LTE-V2X 应支持对用户数据的隐私保护，而基于 PC5 的 V2X 通信方式能更好地保护用户隐私，特别是 PC5 Mode 4（直通链路发送模式 4）。LTE-V2X 数据传输的隐私保护方案应基于 TR 33.885 中第 6.13 节所提出的方案。

在 TR 33.885 的基础上，3GPP SA3 制定了 TS 33.185[2]。图 8-3 给出符合 TS 33.185 安全机制的 C-V2X 的协议栈和安全协议。

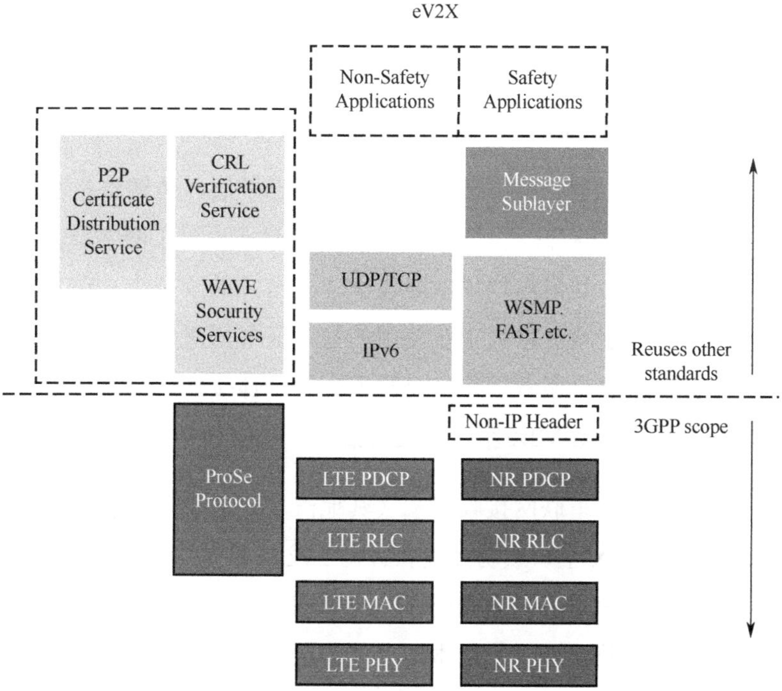

图 8-3　C-V2X 的协议栈和安全协议[2]

Release 14 BSM 协议栈的消息示例如图 8-4 所示，是 C-V2X 中安全协议的各层组包流程示意图。下面以 BSM（Basic Safety Message，基本安全消息）的发送和接收处理为例来介绍该流程。

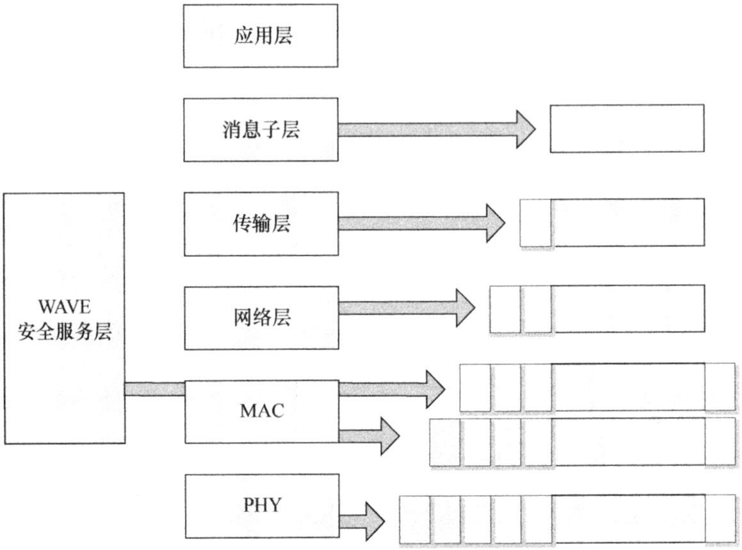

图 8-4　Release 14 BSM 协议栈的消息示例

（1）在发送端，车联网终端协议栈中的消息子层、传输层和网络层对需要发送的 BSM 消息进行逐层封装，增加对应的包头；对于网络层输出的数据单元，安全服务层在其前面增加主要包含证书信息的安全头，在其后面增加数字签名，这个数字签名依据正在使用的数字证书所对应的私钥和网络层数据单元计算得到；安全服务层将打包数据交给媒体接入层和物理层进行相应打包封装后，通过 LTE-V2X 空口发送出去。

（2）在接收端，车联网接收终端（其他汽车、路边单元设备、行人手持终端等）从 LTE-V2X 空口成功接收和解调了发送方所广播的消息；经过物理层和媒体接入层的解析后交给安全服务层处理；安全服务层从安全包头中提取发送方所使用的数字证书，用本地存储的根证书或证书链校验该数字证书的合法性；如果数字证书是合法的，则从证书中提取公钥，再用该公钥对所接收消息中的数据单元和签名信息进行验签；验签通过后，安全服务层将数据单元提交网络层进行后续处理。

为了保护车联网终端和用户的隐私，SAE J2945.1[4]规范建议了一种可实现应用层匿名化的机制。其主要步骤是：为每个车联网终端一次性安全地配置大量的数字证书，例如足够车联网终端在 3 年内使用的所有证书，每一个证书上的车联网终端 ID（这是一个应用层 ID）是不一样的，相互之间也没有任何相关性；每天这些证书中的一小部分会被解锁，供车联网终端使用；当进行 V2X 通信时，每隔一小段时间（例如每 5 分钟），车联网终端会变换所使用的数字证书，即重新随机地从当天可用的数字证书集中选择一个新的数字证书，用它对后续的 V2X 消息进行签名。为了防止监听者通过关联应用层的车联网终端 ID 和底层 ID[例如发送方的源 IP 地址和/或 C-V2X loyer-2 ID（层 2 ID）]来持续追踪用户，当车联网终端切换证书来改变应用层 ID 时，应同步地随机改变自己的源 IP 地址和 C-V2X 层 2 ID。

在基于 3GPP TS 33.185[2]和 IEEE 1609.2[3]的 C-V2X 安全机制中，车联网终端的通信安全要求可被总结为：

（1）对于 PC5 通信，车联网终端应支持基于 CA 证书的数字签名和验签机制，并使用应用层安全来保护 V2X 消息的完整性和防重放攻击。

（2）对于 Uu 通信，车联网终端应支持 LTE 通信安全机制，包括基于 EPS-AKA 的双向认证、空口加密和完整性保护；车联网终端同时应支持基于 CA 证书的数字签名的验签机制和应用层安全。其中 LTE 通信安全机制为可选使用且主要用于单播通信，即车联网终端和网络应使用应用层安全机制或者应用层安全再加上空口安全的方式保护 Uu 通信。

（3）为保护用户隐私，车联网终端应在应用层进行匿名化处理。

（4）对于有强隐私性要求的业务场景，车联网终端应仅使用 PC5 Mode 4（直通链路发送模式 4），当应用层指示应用层 ID 变化时，车联网终端应随机地改变自己的层 2 ID，对于 IP 通信，车联网终端还应采用 RFC3041 或其他方式随机地改变自己的源IP地址。

8.1.2 车内网通信安全

车内通信包括通过总线方式（如CAN、LIN总线等）实现与汽车内电子部件（如电子控制单元ECU、传感器、OBD、OBU等）的车载单元间通信，以及通过车内蓝牙、Wi-Fi、NFC、红外线等短距离无线通信技术实现的车内无线个人域网（PAN）和无线局域网。

CAN网络是由德国Bosch公司开发的，并最终成为ISO 11898国际标准，它是国际上应用最广泛的现场总线之一。CAN总线协议是汽车计算机控制系统的标准总线，同时也是车载ECU、传感器和OBD之间通信的主要总线。CAN总线的短帧数据结构、非破坏性总线仲裁技术、灵活的通信方式等特点能够满足汽车实时性和可靠性的要求，但同时也带来了系列安全隐患，如广播消息易被监听，基于优先级的仲裁机制易遭受攻击，无源地址域和无认证域无法区分消息来源等问题。特别是在汽车网联化大力发展的背景下，车内网络攻击更是成为汽车信息安全问题发生的源头。CAN总线的数据链路层协议是确定的，但是在应用层，不同的汽车品牌甚至是不同的车型都有不同的定义，并不是公开的，这起到了一定的隔离保护作用，但近年来已有不少通过逆向工程、模糊测试等方法获得CAN通信矩阵并破解汽车的应用层总线协议的安全攻击事件。为了保护汽车内电子部件间的通信安全，应设置不同的安全域进行隔离，限制诊断端口的访问，增加汽车电子单元的计算能力，在CAN总线通信的应用层增加加密、完整性保护、防重放攻击等功能。

对于车内个人域网和车内局域网，为加强通信安全，应开启认证和使用最强加密协议，对于使用共享密钥的安全和加密协议，应保证密钥的长度和随机性，同时对密钥进行私密性保护。

8.1.3 车网/车云通信安全

汽车到网络、云平台和网络侧应用服务器的通信主要通过蜂窝移动通信网络实现，为保证通信安全，应禁止使用 2G GSM 网络，以避免接入 GSM 伪基站和接收到伪造信息，进而受到逆向工程等安全攻击。

当使用 3G、4G 和未来 5G 服务时，应开启蜂窝移动通信网双向认证，使用蜂窝移动通信网空口安全机制（如用户面加密、控制面加密和完整性保护），对敏感数据还应附加使用应用层认证、加密、完整性保护和防重放攻击等安全功能。

汽车为了进行导航、定位和提供 eCall/NG-eCall 等服务会配备 GNSS 模块。GNSS 模块通过接收 GNSS 卫星所广播的导航消息等进行定位，进而提供导航等位置服务。为防止定位欺骗和定位信息重放，车载 GNSS 模块和相关控制单元应能对 GNSS 卫星信号进行一致性校验。

8.2　网联汽车安全

智能网联汽车安全是车联网安全的核心[6]。对网联汽车的安全攻击轻则可能导致车辆故障或被盗等现象，致使用户财产受损；重则可能导致交通事故，甚至是车毁人亡的重大交通事故。

为实现网联汽车的安全，除使用 8.1 节中介绍的通信安全机制外，还应从底层的芯片（ECU、T-BOX 芯片、OBU 芯片等）安全、固件安全、外围接口安全、传感器安全和车钥匙安全、上层的车载操作系统安全、车载中间件安全和车载应用软件安全等多角度和系统化地去保障。

随着网联汽车的智能化，操作系统和车载应用软件所带来的安全风险也在不断增加。为了应对这些风险，应该以芯片/硬件/固件安全为基础，采用硬件隔离和安全域隔离的方式，将具有高安全要求特征的核心驾驶系统和驾驶辅助应用与具有低安全要求特征的车载娱乐系统和娱乐应用进行隔离，例如，仅在SPU（安全处理器）/TEE（可信执行环境）/SE（安全单元）中运行敏感操作。

对于车载应用软件，应进行安全生命周期监管，包括代码审查、应用测试、测试后进行代码签名和版本控制。对车载应用的测试应审查应用是否有恶意代码注入、恶意后门、已知漏洞、对信息的越权访问等不当行为，是否有足够强度的认证机制和访问控制功能、对敏感信息的加密保护、软件的加固防护、安全的更新机制等。

8.3 车联网信息服务平台安全

车联网信息服务平台是提供车辆管理与信息内容服务的云端平台，负责车辆及相关设备信息的汇聚、计算、监控和管理，提供智能交通管控、远程诊断、电子呼叫中心、道路救援等车辆管理服务，以及天气预报、信息资讯等内容服务。从安全防护对象来看，应重点关注车联网信息服务平台的平台系统、控制接口、Web 访问接口、账户口令、数据保护等问题。

车联网信息服务平台是车联网数据汇聚与远程管控的核心，一般采用云计算技术。对于车联网云平台，需要充分保证其物理安全、主机安全、大数据组件安全、网络安全、应用安全、账号和权限安全；使用网络防火墙、入侵检测系统、入侵防护系统、Web 防火墙等进行安全防护；有资源隔离保护、严格访问控制、安全审计与监控保护等安全保障机制；有完善的安全管理制度，包括安全策略、安全管理机构和人员、安全建设管理、安全运维管理、安全日志等。

8.4　车联网数据安全和个人隐私保护

车联网数据安全从安全防护对象上讲，涵盖数据采集、数据传输、开发利用、数据存储、数据备份与恢复、数据删除等环节，数据安全包括但不仅限于用户信息、用户关注内容、汽车基本控制功能运行数据、汽车固有信息、汽车状态信息、软件信息和功能设置信息等安全[5]。用户隐私信息包括车主信息（如姓名、身份证、电话）、车辆静态信息（如车牌号、车辆识别码）、车辆动态信息（如位置信息、行驶轨迹），以及用户使用习惯等。

车联网应保护用户的隐私，对个人隐私数据的采集和处理应遵循以下原则：

（1）目的明确。采集和处理个人信息应具有特定、明确、合理的目的，不扩大使用范围，不在个人信息主体不知情的情况下改变处理个人信息的目的。

（2）最少够用。只采集和处理与最终合法和合理目的有关的最少信息，达到处理目的后，在最短时间内删除个人信息。

（3）公开告知。对个人信息主体要尽到告知、说明和警示的义务。以明确、易懂和适宜的方式如实向个人信息主体告知处理个人信息的目的、个人信息的收集和使用范围、个人信息保护措施等信息。

（4）个人同意。处理个人信息前要征得个人信息主体的同意。

（5）质量保证。保证处理过程中的个人信息保密、完整、可用，并处于最新状态。

（6）安全存储。采取适当的管理措施和技术手段，保护个人信息安全，个人信息应加密和脱敏存储。防止未经个人信息管理者授权的检索、披露及丢失、泄露、损毁和篡改个人信息。

应对车联网数据，特别是敏感数据（包括个人隐私数据）在整个数据生命期进行机密性、完整性和可用性保护。对一般车联网数据、敏感数据和个人隐私数据应实施分级保护，对访问权限也要进行分级管理，特别要加强对隐私数据、重要和敏感信息的保护和访问管理。比如，在 8.1 节中所介绍的 V2X 业务，还应通过通信安全机制对用户身份进行匿名化保护，以保证 V2X 用户在空口不能被任何其他终端用户或第三方识别和追踪。

参考文献

[1] 3GPP. Study on security aspects for LTE support of Vehicle-to-Everything (V2X) services: TR 33.885[R].

[2] 3GPP. Security aspect for LTE support of Vehicle-to-Everything (V2X) services:TS 33.185 [S].

[3] IEEE. Wireless Access in Vehicular Environments – Security Services for Applications and Management Messages: IEEE Standard 1609.2[S].

[4] SAE. On-Board System Requirements for V2V Safety Communication: J2945.1[S].

[5] 中国信息通信研究院.车联网网络安全白皮书（2017）[R].2017-09-21.

[6] 中国汽车工程学会，等.智能网联汽车信息安全白皮书（2016）[R].2017-06-12.

第 9 章　中国的车联网频谱研究

频谱研究通常包含四个必要环节：国际频谱调研、国内频谱调研、共存研究和频谱需求研究。首先，通过国际频谱调研了解全球频谱划分状况和法规状况，为达到规模经济，应在最大程度上考虑尽量与国际划分保持一致。其次，根据国际频谱调研，选择一定候选频段，并进一步开展国内频谱调研，了解候选频段附近在国内的频谱划分和频谱使用现状，初步评估并选择候选频谱在国内的可行性，选择需要共存研究的原有系统（包括同频和邻频）。再次，根据国际国内调研选取的候选频谱，开展共存研究。共存研究的目的是研究是否能跟同频原有业务共存以及共存条件（发射功率、隔离距离），是否能跟邻频原有系统共存以及共存条件（保护带和射频指标）。最后，针对业务需求（业务建模、使用场景），结合无线技术参数，开展频谱需求研究，确定为了满足当前业务需求以及未来业务发展需求，应该为该业务分配或者预留多少频谱资源。主管机构做频谱规划一般需要在多个政府部门、多个行业之间协调，过程通常比较复杂和耗时，做频谱规划应当考虑未来 5～10 年业务需求及发展预期，因此需要研究满足未来 5～10 年业务需求所需要的频谱需求。频谱研究周期通常较长，频谱统一和分配过程可能也会很漫长，预计 ITS 频谱的全球协调工作可能持续到 2023 年的 WRC23 大会。因此，对于未来的系统，应该尽早研究频谱需求。

针对 C-V2X 频谱，本章从国际 ITS 频谱和法规现状、国内频谱分配、5.9 GHz G-V2X 和其他系统共存研究，以及 C-V2X 频谱需求研究四个环节进行介绍。CCSA（中国通信标准化协会）TC5 WG8 在 2015—2016 年期间建立研究课题，针对智能交通车车/车路主动安全应用开展频谱需求和相关于干扰共存研究，本章引用了部分 CCSA 研究报告成果[5]。

9.1 国际 ITS 频谱和法规现状

本节总结了国际 ITS 频谱和法规现状，包括美国、欧洲、日本、新加坡和韩国等国家和地区的相关信息[1]。

9.1.1 美国

1991 年，美国通过联合地面运输效率法案（Intermodal Surface Transportation Efficiency Act，ISTEA），开始成立联邦项目研究开发和测试智能交通系统（ITS）并付诸推广实施[4]。2006 年 5 月，美国交通部下属的研究和创新技术管理局，成为美国 ITS 管理委员会的主管部门并成立了 ITS 战略规划组。随后美国交通部于 2009 年 12 月 8 日发布《美国智能交通系统战略研究计划（2010—2014)》，该计划预计在 5 年中达成美国国内综合地面运输体系的愿景，将车辆、基础设施和交通参与者连接起来，使安全、机动性和环境效能最大化。2014 年 2 月，美国交通部发布推进轻型汽车的 V2V 通信的决议。2014 年 8 月，美国交通部发布了关于开始实施 V2V 通信技术的规章拟制通告，为正式推行实施 V2V 通信技术法规做准备。

1997 年 5 月，美国智能交通学会（The Intelligent Transportation Society of America，ITS America）向美国联邦通信委员会（FCC）申请将 5.9 GHz 附近频段中的 75 MHz（5.850～5.925 GHz）作为专有频谱，分配给基于 DSRC

（Dedicated Short Range Communication）的智能交通业务，1999 年 10 月 FCC 批准该申请。图 9-1 给出了该 75 MHz 信道划分情况，为便于描述，采用 IEEE 信道编号，其中，172 号信道是专门用来传输与生命安全相关的重要业务的信道，即主动安全应用使用 172 号信道，178 号信道是用来传输控制信息的信道，184 号信道被指定为用来发送高功率公共安全业务的信道。

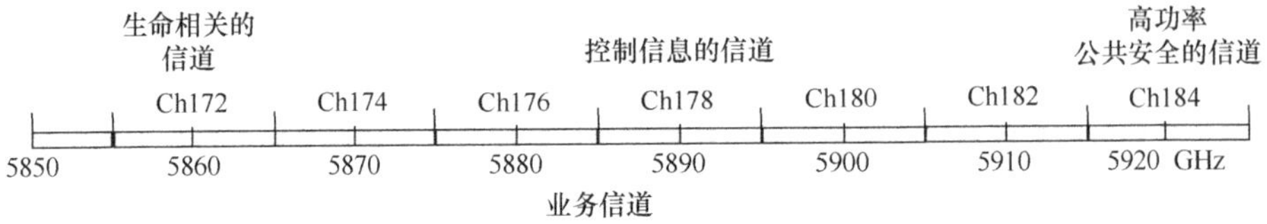

图 9-1　美国智能交通业务专用频谱分配情况

为了提升美国经济竞争力，创造就业机会，激发创新，加强国防，美国前总统奥巴马于 2010 年发布了《释放无线宽带革命》计划。几年前，FCC 宣布计划将开放该频段的部分频谱，以共享形式划分给基于 802.11 标准的非授权设备使用，这样可以和 U-NII3 频段（5725～5850 MHz）联合形成更多连续频谱，可以部署带宽 160 MHz 更高版本的 Wi-Fi 系统，提高该频谱利用率，实现更大经济效益。同时，FCC 还召集了 WLAN、ITS 等相关组织成员，共同探讨可行的共享技术方案。Wi-Fi 行业积极支持开放更多非授权无线频谱，但是美国交通部和交通行业顾虑频谱共享可能对安全应用带来干扰，因此，目前相关研究工作仍在继续开展中。

在 5.850～5.925 GHz 频段，美国还存在固定卫星业务（地对空），同时还有一些处于偏远位置的政府雷达业务，FCC 认为这些业务以及 ITS 业务作为主要业务是可以实现共存的。在此频谱上还有作为次要业务的无线电业务。

9.1.2　欧洲

2002 年，欧盟在 ECC/DEC/(02)01 决议中定义了基于车车/车路间的各种形式的信息传输的交通应用为 RTTT 系统（Road Transport and Traffic Telematic Systems），并以非排他的形式为该系统分配了三个频段：

（1）5.795～5.805 GHz（可能扩展至 5.815 GHz），该频段用于初始的 R2V 系统，特别是用于公路缴费系统。在一些国家可以将 5.805～5.815 GHz 频段作为附加的子频段；

（2）63～64 GHz，该频段可以用于所有的 V2V 和 R2V 系统；

（3）76～77 GHz，该频段用于车辆或公共基础设施的雷达系统。

欧盟委员会于 2006 年 7 月 5 日委托欧洲邮电管理委员会（CEPT），对智能型运输系统及合作系统安全相关应用的频谱需求展开研究以及论证。2008 年 8 月，欧盟通过针对道路安全的 ECC/DEC/(08)01 决议，决定欧盟会员国在该决议生效后 6 个月内，以专有频谱的形式将 5875～5905 MHz 频段用于 ITS 的道路安全应用，同时要求各主管部门考虑未来的应用需求将 5905～5925 MHz 频段作为 ITS 业务的扩展频段。同年，欧盟发布了 ECC/REC(08)01，建议将 5855～5875 MHz 用于 ITS 的非道路安全应用，但这 20 MHz 频段不是智能交通专有频段。ITS-G5C 标准可采用无线接入系统使用的免许可频段，在此频段内 ITS 业务和 RLAN（无线接入系统）共享频谱，不得要求互相保护。欧洲智能交通频谱分配如图 9-2 所示。

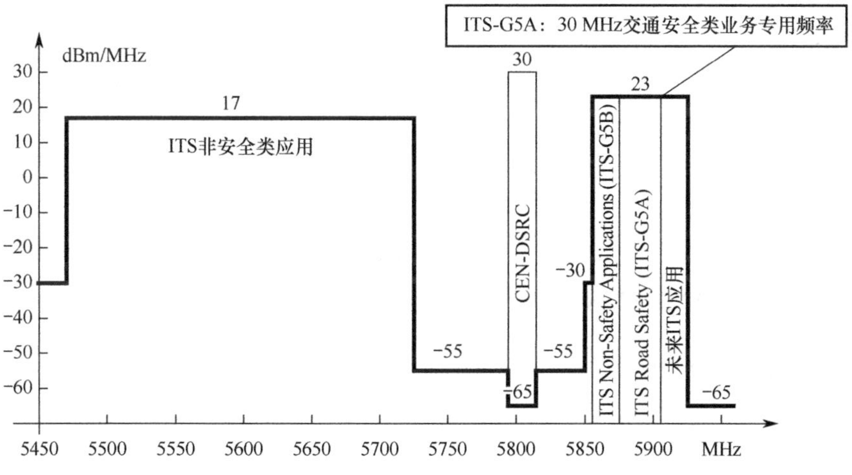

图 9-2　欧洲智能交通频谱分配

2009 年 10 月 6 日，欧盟委员会通过法案 M/453[2]，授权欧洲标准化组织在法案规定的时间内制定一系列标准、技术规范和技术报告，支持将在欧盟广泛实施和部署可互操作的合作 ITS 系统。在法案中明确邀请欧洲电信标准化协会（ETSI）、欧洲标准委员会（CEN）、欧洲电工标准化委员会（CENELEC）进行标准的制定工作，并给出了合作系统的定义、标准的工作内容、时间进度，以及与相关组织合作的内容。ETSI 和 CEN 按照欧盟 M/453 的要求，共同合作制定智能交通系统的相关标准。

9.1.3 日本

日本的总务省在20世纪90年代末将5770～5850MHz划分为DSRC信道，主要用于车辆信息通信系统（Vehicle Information and Communication System，VICS）和电子不停车收费系统（Electronic Toll Collection，ETC）。日本从 2006 开始 DSRC 相关的试验，先在 5.8 GHz 频段进行了测试，并在 2007 年发布了试验指导，在 2008 年又进行了大规模的试验。2015 年，日本开始在 5.8 GHz 频段开展 802.11p 技术的共存研究。另外，由于日本的数字电视业务在 2012 年就空出了 700 MHz 的部分频段，因此 ITS 论坛向总务省申请在 700MHz 频段上分配一段频率给 ITS 的道路安全应用。2012 年 2 月，在日本无线工业及商贸联合会（ARIB）发布的规范 ARIB STD-T109《700MHz BAND INTELLIGENT TRANSPORT SYSTEMS》[3]中，正式将 755.5～764.5 MHz 频段规划给 ITS 的道路安全应用业务，带宽为 9 MHz，中心频率为 760 MHz。日本 700 MHz ITS 频谱分配有别于世界其他各个区域和国家 ITS 业务频谱分配，是一个孤岛频段方案，产业链非常受限。考虑到中国现有 700 MHz 频率分配给了广播业务，并且全球推动 700 MHz IMT 频谱融合已经成为大的趋势，中国跟日本 700 MHz ITS 频谱分配进行融合可能就不合适了。

9.1.4 新加坡

新加坡标准化组织 TSAC 正在制定 ITS DSRC 的技术规范“Dedicated Short-Range Communications （DSRC） standards for Intelligent Transport Systems（ITS）”，在其 2017 年 10 月完成的 1.0 版本中，给出了新加坡的 V2X

频谱分配和信道方案计划。新加坡计划采用 5850～5925 MHz 用于 ITS 频谱，采用 IEEE 的信道编号，其频谱分配和信道方案计划见表 9-1，DSRC 功率限值建议如图 9-3 所示。

表 9-1　新加坡 5.9 GHz 频谱分配和信道方案计划

信道号（Channel No）	中心频率（Centre Frequency）（MHz）	信道名称（Channel Name）	信道类型（Channel Type）
172	5860	ISM 频段 公共、私有信道（ISM Band Public/Private Channel）（ISM-SCH1）	服务信道（Service Channel）
174	5870	ISM 频段 公共、私有信道（ISM-SCH2）	服务信道
176	5880	V2V 安全信道（Safety Channel，SfCH）	服务信道
178	5890	控制信道（Control Channel，CCH）	控制信道
180	5900	公共、私有信道（Public/Private Channel，PP-SCH）	服务信道
182	5910	道路收费信道（Road Pricing Channel，RP-SCH）	服务信道
184	5920	长距离信道（Long Range Channel，LR-SCH）	服务信道

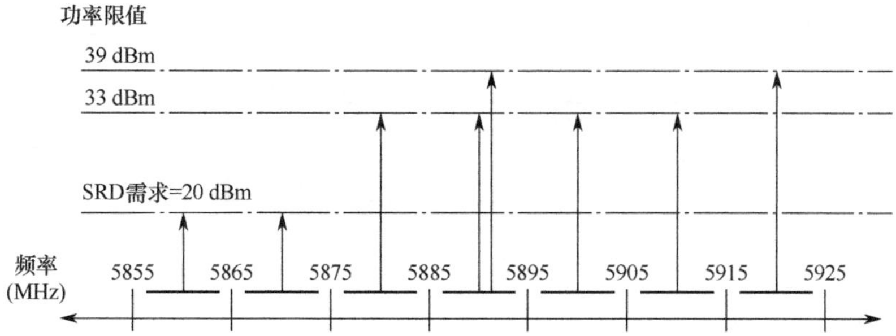

图 9-3　DSRC 功率限值

新加坡目前的分配方案跟美国的频谱分配类似，但是有以下区别：

（1）主动安全应用使用 176 号信道而不是 172 号信道；

（2）不支持 20 MHz 信道；

（3）提议把 172 号和 174 号信道分配为免许可频段，允许 ITS 和其他业务共享频谱。

9.1.5 其他国家

韩国在 5855～5925 MHz 分配了 70 MHz V2X 频谱，频谱分配与美国保持一致。

另外，考虑到欧美 5.9 GHz ITS 专有频谱分配，互操作性以及全球融合等因素，一些 APT 国家（比如澳大利亚）也在考虑将 5.9 GHz 频段用于合作式 ITS 系统。

9.1.6 结论和建议

图 9-4 总结了中国、美国、欧洲、日本和韩国的 5 GHz 频谱分配情况，

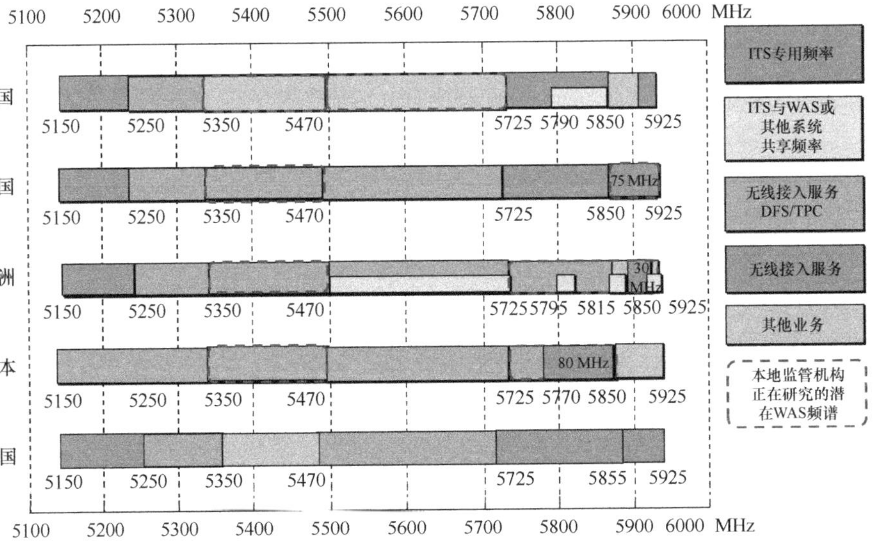

图 9-4　中国、美国、欧洲、日本和韩国 5 GHz 频谱分配情况

纵观美国以及欧洲的 ITS 频谱分配，欧美都在 5.85～5.925 GHz 频段中分配了 ITS 专有频谱，是全球频谱融合的重要参考。从中国的频谱分配情况来看，5.9 GHz 频谱目前主要业务是固定卫星业务（地对空），跟美国的频谱使用情况类似。

由上述分析可以看出，5.9 GHz 为全球主流 ITS 专有频谱，为 ITS 规划 5.9 GHz 频谱，不仅可以利用已有的规模经济，并且开发的相关产品也可以走向全球。

9.2　国内频谱分配

考虑到国际 ITS 频谱的主流频段为 5.9 GHz，因此重点考察国内 5.9 GHz 频段以及其周边频段的可行性。

工业和信息化部在信部无〔2002〕277 号文件《关于使用 5.8 GHz 频段频率事宜的通知》中，将 5725～5850 MHz 作为点对点或点对多点扩频通信系统、高速无线局域网、宽带无线接入系统、蓝牙技术设备和车辆无线自动识别系统等无线电台站的共用频段。工业和信息化部在 2013 年 9 月发布的《关于调整 5725～5850 兆赫兹频段频率使用事宜的公告》中，将 5725～5850 MHz 频段作为宽带无线接入系统、智能交通专用无线通信系统（包括电子收费等）、点对点或点对多点扩频通信系统及通用微功率（短距离）无线电发射设备等无线电台站的使用频段。因此，5725～5850 MHz 作为无线接入的免许可频段，目前无线局域网（Radio Local Area Network，RLAN）等业务在使用该频谱。该段频谱不适合作为提供 V2X 服务的专有频谱，但是在考虑共存时，需考虑与 RLAN 系统的邻频共存性能。

根据我国于 2007 年发布的 ETC 相关国标 GB/T 20851.1—2007，我国 ETC 应用下行有两个信道，分别是 5.83 GHz 和 5.84 GHz，上行也有两个信道，分别为 5.79 GHz 和 5.8 GHz，带宽均小于或等于 5 MHz。由于 ETC 与 5.8 GHz 无线接入业务共享频谱，在法规上不受保护，因此存在干扰风险，从长期考虑可以将 ETC 业务迁移到 5.9 GHz V2X 系统，作为 V2I 提供的应用之一。

根据我国的无线电频谱划分规定，5850～5925 MHz 频谱范围内主要业务为固定、固定卫星（地对空）、移动以及无线电定位业务。5925～6700 MHz 频谱范围主要业务为固定、固定卫星（地对空）以及移动。

2018 年 11 月，工业和信息化部颁布了《车联网（智能网联汽车）直连通信使用 5905～5925 MHz 频段管理规定（暂行）》，规划了 5905～5925MHz 频段共 20MHz 带宽的专用频率资源，用于基于 LTE（第四代移动通信技术）演进形成的 V2X（车与车、车与人、车与路之间的直连通信）智能网联汽车的直连通信技术，同时，对相关频率、台站、设备、干扰协调的管理作出了规定。

9.3　5.9 GHz C-V2X 和其他系统共存研究

结合国际频谱调研，5.9 GHz 为全球主流 ITS 专有频谱，因此我们选择 5.9 GHz 作为候选频谱，并开展相关共存研究。根据国内频谱划分规定，并结合相关标准化组织的讨论和建议，选择针对 C-V2X 和 RLAN 的邻频共存、C-V2X 和固定卫星业务（Fixed Satellite Service，FSS）（地对空）开展同频邻频共存研究、C-V2X 和固定业务的同频以及邻频共存场景研究。通过研究 C-V2X 跟同频原有业务（固定卫星业务和固定业务）共存和共存条件（发射功率、隔离距离），以及邻频原有系统共存（RLAN、固定卫星业务和固定业务）和共存条件（保护带和射频指标）。

共存研究涉及发射机/接收机射频指标、网络拓扑结构、无线传播模型、干扰保护准则等一系列内容，目前已具备较为成熟的分析理论，常见的为确定性分析方法和系统级仿真。

确定性分析方法适用于定性分析一个或多个台站对单个台站的干扰，通常采用一定的底噪抬升（或称灵敏度损失）作为评估准则，确定最大允许的外系统干扰强度。确定性分析方法的优点是简单高效，但是其局限性是不能精确反映动态系统的统计状态。比如，C-V2X 与固定卫星业务之间的共存研究就可以采用确定性分析方法。在本书的 9.3.1 节中，将介绍 C-V2X 对于固定卫星业务的地对空链路干扰分析方法以及中国通信标准化协会（China Communications Standards Association，CCSA）的相关研究结果[5]。

系统级仿真考虑网络拓扑结构、发射台站随机分布、功率变化、调制编码方式、系统内以及系统间干扰等因素，相关参数的设定应尽量与真实系统一致。系统级仿真又分为动态仿真和静态仿真。动态仿真考虑系统内台站的时间连续性和移动性，静态仿真将整个系统的运转区间划分为若干个间隔，每两个间隔之间为一个快照（Snap-Shot）取样时刻，快照之间台站位置分布随机，将所有快照时刻的取样结果进行记录，用统计方法加以分析，产生所需要的结果。静态仿真在共存研究中比较常见，但是动态仿真也可以根据需要加以应用（如需要考虑 CSMA 接入动态负载的 RLAN 系统）。动态仿真相比静态仿真更贴近实际系统，其代价是需要业务建模，且运算复杂度大大提高。C-V2X 和 RLAN 之间的共存研究可采用动态仿真方法。在本书的 9.3.2 节中，将给出 RLAN 对于 C-V2X 干扰分析的仿真方法和 CCSA 相关研究结果[5]。

9.3.1 C-V2X 对固定卫星业务（地对空）干扰分析

5850～5925MHz 频段用在 FSS 的同步轨道卫星上，卫星轨道高度接近 36 000 km，波束可以覆盖全球很大的面积。因此共存分析中需要考虑 FSS 系统整个覆盖范围内所有实际在路的 LTE V 终端产生的集总干扰。C-V2X 终端对 FSS 空间站的集总干扰拓扑结构示意图如图 9-5 所示。

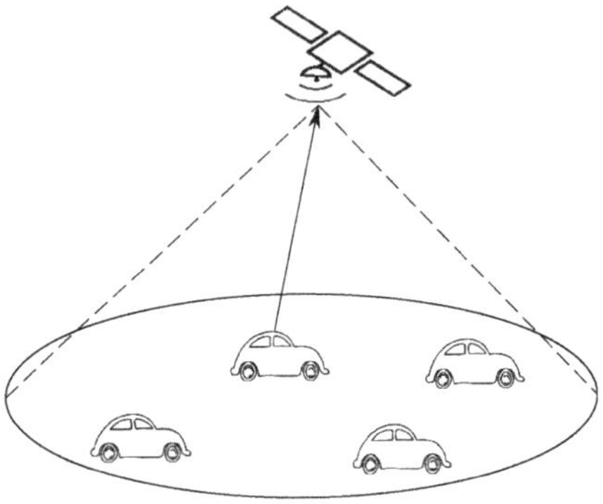

图 9-5 C-V2X 终端对 FSS 空间站的集总干扰拓扑结构示意图

从图 9-5 可知，在进行共存分析时可以先确定单个 C-V2X 终端对 FSS 空间站的干扰功率，然后确定整个覆盖范围内同时干扰 FSS 空间站的有效终端数目，最后计算出集总干扰功率。

在计算单个 C-V2X 终端对 FSS 空间站的干扰功率的时候，需要考虑 C-V2X 的射频参数、天线方向图、天线增益、传播损耗等。

在计算集总干扰的时候，需要考虑发射占空比。3GPP Release 14 C-V2X 业务模型如图 9-6 所示，每个 C-V2X 终端每隔 100 ms 发送一个数据包，单次发送需要 1 ms 的时长。数据包包括两种类型，即 300 Byte（110 Byte +190 Byte）的大数据包和 190 Byte 的小数据包。根据 3GPP Release 14 规范定义，每个数据包在 100 ms 周期内最多传输两次。而第二次传输通常只出现在传播环境恶劣或者拥塞场景，发生概率不大。这里可以假定 1 次传输的概率为 75%，2 次传输的概率为 25%，由此可以计算出一个等效的激活因子 k=80，也就是说，任意时刻同时发送数据的终端数应为总的终端数除以因子 k。

1. 单终端干扰功率计算

一个典型的 C-V2X 终端的干扰功率可以采用以下公式来计算：

$$I_k = P_{\text{tx},k} + G_{\text{tx},k} - \text{PL} + G_{\text{rx}}$$

其中，

- $P_{\text{tx},k}$ 代表第 k 个 C-V2X 终端的发射功率；
- $G_{\text{tx},k}$ 代表第 k 个 C-V2X 终端指向 FSS 空间站的天线增益，该天线增益与终端侧的仰角有关；
- PL 代表传播损耗，包括路径损耗、地物损耗、大气衰减及雨衰等额外损耗；
- G_{rx} 代表 FSS 空间站接收机侧的天线增益；

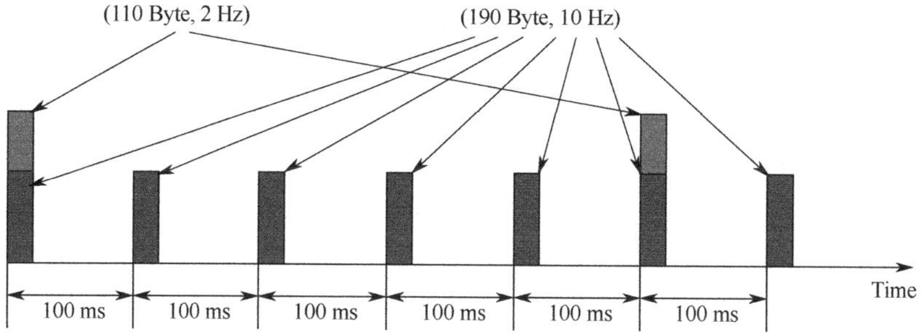

图 9-6　3GPP Release 14 C-V2X 业务模型

集总干扰功率应满足以下要求才代表两系统可以共存：

$$I_{\text{total}} = \sum_k I_k \leqslant I_{\max}$$

上式中，$I_{\max}$ 代表 FSS 空间站接收机所允许的最大干扰功率门限。

该频段上的 FSS 同步轨道卫星其覆盖范围非常大，在这么大的区域内 C-V2X 终端指向 FSS 空间站的仰角会有较明显的差异，对应的天线增益 $G_{\text{tx},k}$ 也会有明显差异，为使评估结果更为精确，CCSA 研究采取将整个覆盖范围平均划分为 4 个仰角区域（10°、30°、50°和 70°）[5]，每个区域内的所有 LTE V 终端采用同一个仰角，由此可以计算出集总干扰功率如下：

$$
\begin{aligned}
I_{\text{total}} &= \frac{N_{\text{active}}}{4} \times I_{10} + \frac{N_{\text{active}}}{4} \times I_{30} + \frac{N_{\text{active}}}{4} \times I_{50} + \frac{N_{\text{active}}}{4} \times I_{70} \\
&= N_{\text{active}} \times \left(\frac{I_{10} + I_{30} + I_{50} + I_{70}}{4} \right) \\
&= N_{\text{active}} \times I_{\text{equ}}
\end{aligned}
$$

其中，

- I_{10}代表仰角为10° 时计算出的FSS空间站接收到的单终端干扰功率，其他角度以此类推；
- N_{active}代表任意时刻同时发射数据的C-V2X终端数目，该数值需要实际参与集总干扰计算的C-V2X终端总数；
- I_{equ}代表等效的单终端平均干扰功率。

基于上述公式，后续分析中就可以先计算出I_{equ}的取值，然后再乘以N_{active}从而确定最终的集总干扰功率。

2. 集总干扰终端数目确定

如何确定N_{active}的取值，对于最终的集总干扰结果影响很大。该取值根据汽车保有量、设备渗透率、激活率、交通出行状况的统计模型进行评估计算。

CCSA研究报告在确定该取值时，使用以下概念：

（1）汽车保有量，即在某个特定区域或国家所拥有的所有汽车的总量。通过汽车保有量和该区域或国家的面积可以计算出汽车分布密度。

（2）设备渗透率，即装载了LTE V相关设备的车辆占汽车保有量的比例。为保证整个系统的正常有效运行，该渗透率通常在60%～100%之间。

（3）激活率，即在某一特定时刻实际在路上行驶的车辆占车辆总数的比例。

基于上述说明，可以计算出在任意时刻实际参与集总干扰计算的C-V2X终端总数应为：

$$N_{\text{active}} = \frac{\text{密度}\times\text{面积}\times\text{设备渗透率}\times\text{激活率}}{k}$$

具体参数和计算过程可参见 CCSA 研究报告[5]，CCSA 研究结论显示：在设定了一系列极端恶劣的参数假设之下，车载 C-V2X 终端仍然不会对同频工作的 FSS 空间站产生有害干扰，两个系统可以实现共存。

此外，在考虑车载 C-V2X 模块发射的集总干扰的时候，CCSA 报告也对路边单元（Road Side Unit，RSU）产生的集中干扰进行简单分析。部署 RSU 总数与路上车辆的比例应低于 1/200，RSU 发送消息频率为每秒 1～2 次，而车辆发送消息为每秒 10 次。由此可知，RSU 产生的集总干扰约为车辆产生的集中干扰的 1/1000，也就是干扰功率比车辆集总功率低 30 dB，当叠加在一起时，基本可以忽略不计。

9.3.2　C-V2X 和 RLAN 业务共存研究

如前所述，在相邻信道的 RLAN 系统通过动态仿真评估工作对 C-V2X（本研究中采用 3GPP Release 14 LTE-V2X 的系统参数）的干扰，以及在有外来干扰的情况下的 C-V2X 的系统性能，比如 C-V2X PRR 和有效通信范围。动态仿真可以模拟 RLAN 的载波侦听多路访问（Carrier Sense Multiple Access，CSMA）机制以及 RLAN 的业务负载，并仿真 RLAN 不连续发射特性。目的是研究 RLAN 和 C-V2X 之间的最小保护带宽设置。

参考 3GPP TR 36.885[6]中 C-V2X 城区仿真的拓扑结果，其 RLAN 分布如图 9-7 所示，每街区 6 个 AP 放置在街边，其中 4 个 AP 在街区的十字路口街角。

下面采用表 9-2 中的 WINNER 视线传输（Line of Sight，LOS）和非视线传输（Not Line of Sight，NLOS）传播模型参数进行研究。

仿真方法描述如下：

（1）C-V2X 参照 3GPP TR 36.885 的 C-V2X 动态仿真方法。

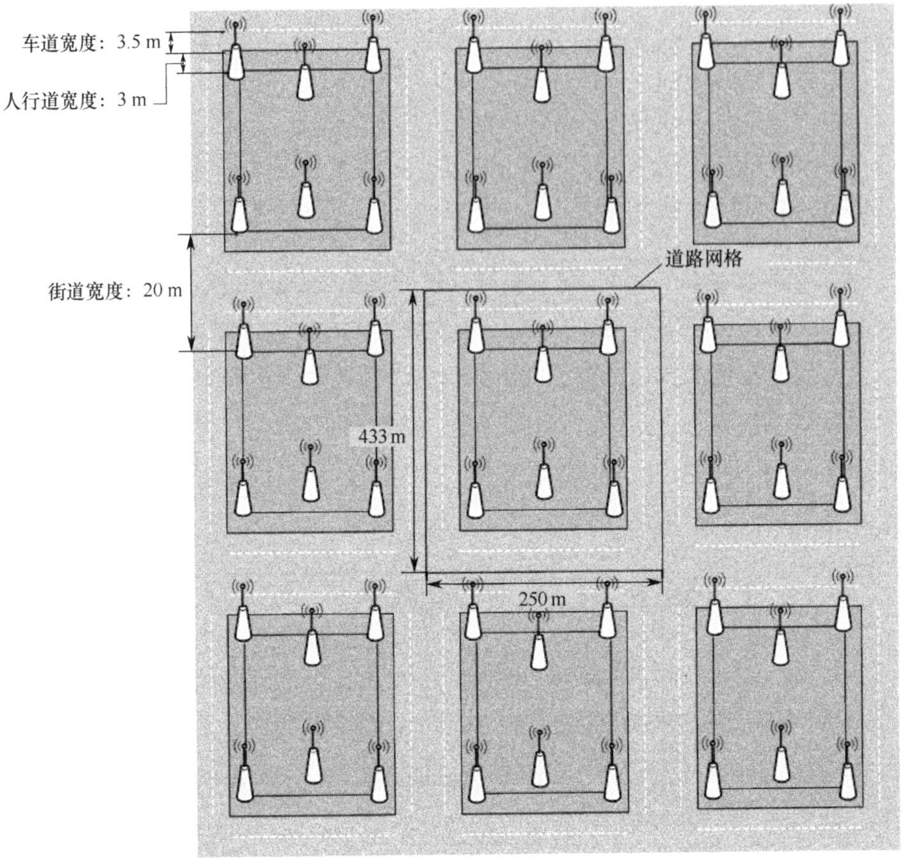

图 9-7　C-V2X 城区仿真拓扑结构图之 RLAN 分布

表 9-2　传播模型参数

参　数	城 区 场 景
路损模型	WINNER+ B1 曼哈顿网络布局（天线高度应设为 1.5 m），距离小于 3 m 时，应使用 3 m 的路损
阴影分布	对数正态
阴影标准差	3 dB for LOS and 4 dB for NLOS
信道非相关距离	10 m

（2）RLAN APs 放置在曼哈顿街区拓扑仿真区域中。

（3）根据激活因子和 CSMA 检测决定 RLAN 的发射功率，包括前导码（Preamble）检测和能量检测（能量检测包括 RLAN 的能量以及 C-V2X 邻道泄漏过来的能量）。如果 CSMA 检测门限被触发，则按照 EDCA 机制随机推后发射。每个 RLAN 数据包长发射时间为 1 ms，如果激活因子为 10%，则 RLAN 数据包每 10 ms 中有一个 1 ms 数据包到来。如果激活因子设为 100%，则每秒都有 RLAN 数据包到来。

（4）在统计 C-V2X 的信号与干扰加噪声比（Signal to Interference plus Noise Ratio，SINR）的时候，需要把 RLAN 的干扰考虑到干扰部分，结合 RLAN 的发射功率、邻信道干扰功率比（Adjacent Channel Interference power Ratio，ACIR）、RLAN 和 C-V2X 接收机之间的距离等。

（5）根据链路级接口，统计每个 LTE-V2X 的包接收率（Packet Reception Rate，PRR）性能。

（6）仿真结束，把 PRR 曲线跟没有外来干扰的单系统 PRR 曲线对比，并统计 50 m 有效通信范围的 PRR 以及 95% PRR 的有效通信距离范围。

保护准则参考 3GPP 可靠性要求，3GPP 制定 C-V2X 技术标准考虑了其他标准化组织，如 GSMA 互联生活（connected living）、欧洲电信标准化协会智能交通系统（ETSI ITS）、国际自动机工程师学会（SAE International）等，或者政府机构定义的 V2X 业务和参数。3GPP 制定了 C-V2X（V2V、V2I 和 V2P）基本用例和需求，可以再次参考表 6-1，其中提供了 V2X 业务的参数和可靠性要求示例。

C-V2X 系统设计应可以容纳一定的外来干扰，并且保证系统性能下降仍可以满足 3GPP 要求的有效通信距离范围和可靠性要求。

在城区场景中，由于 RLAN 的部署和业务相比郊区和农村场景要更密集，干扰也将更严重，因此选择城区十字路口场景用于共存仿真。也就是说，当有效通信范围固定为 50 m 时，PRR 应高于 3GPP 系统的设计指标（95%）。

C-V2X 和 RLAN 的射频指标分别参考 3GPP[7]和 ETSI[8]相关规范。

图 9-8 和表 9-3 给出了 3GPP Release 14 10 MHz LTE-V2X 在 10%业务负载情况下，与 RLAN 具有不同保护带时的系统性能。

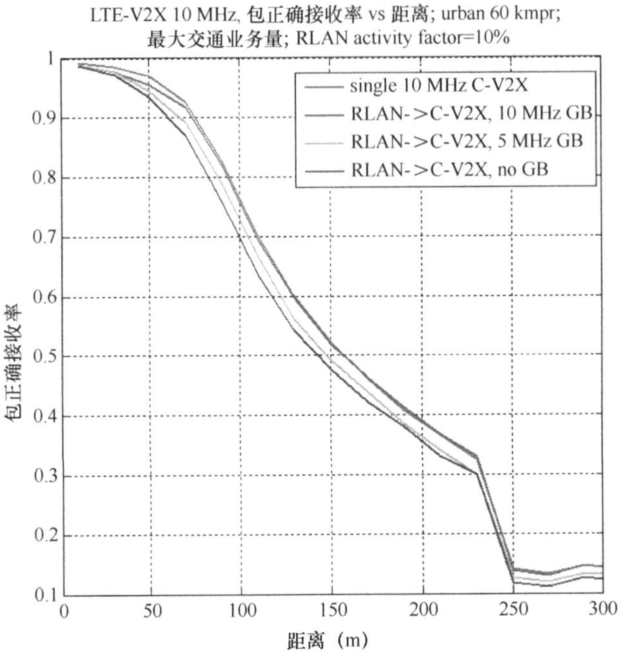

图 9-8 RLAN 干扰 10 MHz C-V2X

（城区 60 km/h，每秒发送 10 次消息，RLAN 10% 业务激活因子）

表 9-3 PRR 和有效通信范围结果

保护带宽（MHz）	ACIR（dB）	单系统 50 m 有效通信范围的 PRR（%）	有 RLAN 干扰情况下 50 m 有效通信范围的 PRR（%）	单系统 95% PRR 的有效通信范围（m）	有 RLAN 干扰情况下 95% PRR 的有效通信范围（m）
0	24.6	97.1	93.5	59.2	41.8
5	28.9		94.6		47.1
10	35.9		95.5		52.7

注：条件为 10 MHz C-V2X，60 km/h，10 次消息/秒，RLAN AF=10%。

CCSA 研究报告[5]中还考虑了不同业务负载情况下，在不同 C-V2X 带宽和保护带时的系统性能情况。除了室外 AP，CCSA 后续阶段的研究也考虑了室内 AP 对于 C-V2X 的干扰情况，由于室内 AP 与 C-V2X 的干扰链路上增加了墙体穿透损耗，因此干扰也大大降低。

图 9-9 给出了目前 IEEE 的信道方案，不同带宽 RLAN 使用的最高频率不同，目前 5.8 GHz RLAN 的 20 MHz 带宽信道频率最高使用到 5835 MHz，而 40 MHz 和 80 MHz RLAN 最高频率使用到 5815 MHz。

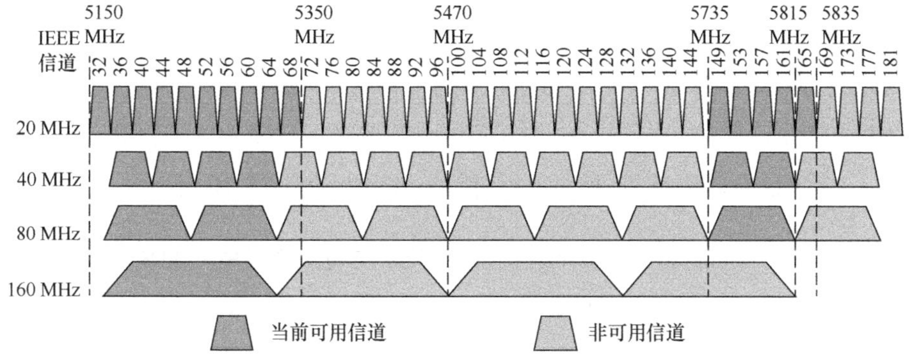

图 9-9　IEEE 的信道方案

针对当前可用信道，对于 RLAN 和 C-V2X 共存而言，在 5850 MHz 之下存在天然的保护带，见表 9-4。

表 9-4　不同 RLAN 带宽距离 5855 MHz 的保护带

RLAN 带宽（MHz）	最高频率边缘（MHz）	距离 5855 MHz 的保护带（MHz）
20	5835	15
40	5815	40
80	5815	40

根据最新共存研究结果，RLAN 和 C-V2X 在最恶劣情况下需要 10 MHz 保护带。15 MHz 保护带是在假定所有 RLAN AP 在室外同时满负荷发射的条件下，通过仿真得到的，但是实际上，这是现实网络中不可能出现的情况，此为最悲观的场景，实际需要的保护带应小于免许可频率内的天然保护带。因此，建议将保护带放在 5850 MHz 以下的频率范围，从共存的角度上看，5855～5925 MHz 之间全部 70 MHz 都可以允许 C-V2X 使用，RLAN 发射不会对 C-V2X 造成干扰。

9.4 C-V2X频谱需求研究

频谱需求研究是频谱研究非常重要的环节，尤其是频谱规划之前，需要了解该业务当前以及未来一定时期内所需要的频谱需求。政府部门做频谱规划一般需要在多个行业之间协调，过程通常比较复杂和耗时，因此，做频谱规划应当考虑未来 5～10 年业务需求的发展预期，所以应研究满足业务需要的频谱需求。目前在支持各种 ITS 使用情况所需的带宽方面还没有广泛的共识，5.9 GHz 频段频谱需求的各种估值从 10 MHz 到 50 MHz 不等。

本节讨论频谱需求，并介绍基于 C-V2X 主动安全应用的 ITS 频谱需求的方法[5,10]，以及业务负载映射。这种方法相对简单，将数据业务流量映射到所需的系统容量和整体频谱需求。

一般来说，频谱需求是由通信系统容量、频谱效率、车辆密度、有效通信范围和业务量模型的组合决定的。有效通信范围内的所有 V2X 站点发射的数据包可以视为组成虚拟小区的上行负载，更高的频谱效率将使系统能够在较少的频谱范围内支持相同的业务，驱使 V2X 系统追求先进的无线系统设计，因为目标就是追求更高的频谱效率。车辆的平均速度将被用于确定道路上的车辆密度，较低的速度对应于较高的密度。反过来，更高的密度意味着需要增加系统容量，以维持通信系统的 QoS。自然地，系统容量越大，频谱需求就越大。

在系统拥塞（没有足够的频谱可用）的情况下，为了避免 QoS 的显著下降，可以通过减小通信范围或者增加传输之间的周期，使系统以可控的方式，降低一定 QoS，以使所产生的总流量适应系统/信道容量。由于 QoS 会受到这种机制的影响，选择可以高效使用频谱的技术是非常重要的。对于一定无线接入技术，没有足够的可用频谱将直接影响用户密度高的地区的 QoS，降低安全业务可靠性。

数据量的增加也将对频谱需求产生重大影响。例如，未来应用程序可能引入较长的分组消息，尤其是自动驾驶应用（例如传感器信息共享或本地动态地图更新）。总数据量的增加导致需要更多的系统容量，将来需要更多频谱需求以支持自动驾驶，在本节中针对某些交通模型的自动驾驶业务模型来评估频谱需求。

9.4.1　关键参数和假设

在开展频谱需求研究之前，需要确定关键参数和假设，可以分为三类：第一类参数与数据业务模型相关；第二类参数与车流量模型相关；第三类参数与无线技术有关。下文从这三个方面分别分析了业务流量模型、交通流量模型和无线技术参数。

9.4.1.1　业务流量模型参数

考虑两种业务模型：周期发送业务例和事件触发业务例。每个车辆必须发送周期消息包，比如 BSM part1 全部数据段和 BSM part 2 部分数据段或者 CAM（周期消息），假定一定比例的用户发送事件触发业务消息包（比如 BSM part 2）。对于周期业务，我们假定平均 300 Byte 的数据包长度。对于事件触发业务，假定包长为 800 Byte，消息包时间间隔为 100 ms，并且 10%左右的用户发送事件触发业务。

RSU 发送的数据业务建模建议如下：

（1）对于城区的 RSU，假定消息长度为 1250 Byte：1000 Byte（类似 DEMN 消息，即事件触发消息）+200 Byte（MAP）+50 Byte（SPaT），每秒发送 2 次。

（2）对于高速公路的 RSU，假定消息长度为 1200 Byte：1000 Byte （类似 DEMN 消息）+200 Byte（MAP），每秒发送 2 次。

9.4.1.2　交通流量模型参数

在本节中，以高速公路场景为例，给出交通流量建模，假定平均时速大约为 60 km/h。假定碰撞时间（Time To Collision，TTC）为 2.5 s，3GPP 高速公路的有效通信距离为 320 m。每个方向假设为 6 车道，双向一共有 12 车道。有效通信距离范围内的车辆数目约为：

$$\left\{\text{floor}\left[320\times 2/\left(60\ 000/3600\times 2.5\right)\right]+1\right\}\times 12=196$$

假定平均时速大约为 70 km/h，双向一共 6 车道。

$$\left\{\text{floor}\left[320\times 2/\left(70\ 000/3600\times 2.5\right)\right]+1\right\}\times 6=84$$

在高速公路，通常每隔 5 km 部署一个 RSU。

9.4.1.3 无线技术参数

参考表 6-1 中的示例要求[11]，可以得到表 9-5 的无线技术参数。

表 9-5 无线技术参数

参 数	数 值
频谱效率	0.6 bps/Hz for LTE-V2X
信道利用率	0.336
有效通信距离	50 m （城区十字路口） 320 m （高速公路）
数据包发送次数	1

1. 频谱效率推导

频谱效率（Spectral Efficiency）基本上由 V2X 技术的特性决定，例如，调制方案、信道编码方案和发射机采用的帧结构。根据 V2X 技术的规格，通过将标称有效负载数据速率（C_N，单位为比特/秒）除以占用带宽（W，单位为 Hz）来计算频谱效率。

$$\text{SpectralEfficiency}=\frac{C_N}{W} \tag{1}$$

公式（1）中的频谱效率（SpectralEfficiency）在发射机处测量，而不考虑现实无线电环境中接收机的可靠性及性能。

对于 3GPP Release 14 sidelink 技术，通过将 V2X 消息的消息有效载荷大小（L）除以传输时间间隔（TTI），即 1 ms 来计算 C_N。占用的带宽 W 取决于传输所需的物理资源块（PRB）的数量，这又取决于所选择的调制和编码方案。注意，为了确定 PRB 的数量，还应该考虑分组数据汇聚协议（Packet Data Convergence Protocol，PDCP）、无线链路层控制协议（Radio Link Control，RLC）和 MAC 层的开销。表 9-6 给出了发送 300 Byte 的 V2X 消息所需占用带宽的计算示例。

表 9-6　发端频谱效率计算示例

参　数	数　值	备　注
消息尺寸：L	300 B	
传输时间间隔：T_{TTI}	1 ms	
额定负荷数据速率：C_N	2.4 Mbps	$C_N=L/T_{\mathrm{TTI}}$
数据编码调制 index：I_{MSC}	8（QPSK）	参见 3GPP TS 36.213 的表 8.6.1-1
每个 PRB 带宽：W_{PRB}	180 kHz	12×15 kHz
数据 PRBs 和 SA PRB 的数量总和：N_{PRB}	20	从 3GPP RS36.213 的表 7.1.7.2.1-1 得到数据传输参数 L_{PHY} 和 I_{MCS}； 控制信令占用 2 个 PRB; 备注：此处的 LTE-V2X 直通通信没有采用子频带传输方式
占用带宽：W	3.6 MHz	$W=W_{\mathrm{PRB}}\cdot N_{\mathrm{PRB}}$
发端频谱效率	0.67 bit/s/Hz	
带宽利用率	0.9	
频谱效率	0.60 bit/s/Hz	频谱效率×带宽利用率

根据 3GPP C-V2X 标准，10%的信道带宽未用于实际传输，以便在信道边缘提供一些间隙。这种开销导致频谱效率降低，α_BW 被称为带宽利用率，对于 C-V2X sidelink，取值 0.9。

2．信道利用率推导

C-V2X 是一个分布式系统的 Ad Hoc 网络，资源可以在不同地点重复使用。频率和时间资源（资源块）将通过一些半静态感知机制来选择。鉴于 C-V2X 传输没有上层重传机制，对 PRR 可靠性要求高，接收机侧的信道利用率应该考虑所需的 PRR 性能。作为一个例子，我们可以首先根据高速公路的 PRR 80%来确定有效的通信范围，并且假设只有在有效通信范围内的车辆才能够被有关车辆可靠地听到。那么接收端的信道利用率（以下简称有效信道利用率）就是车辆在有效通信范围内，在观测时间段内被占用的所有无线资源（RB）总量与所有可用无线资源总量之比。根据图 9-10 的仿真结果，如果 PRR 要求为 80%，通信范围可以达到 320 m 左右。如果 PRR 要求降低到 60%，通信范围可增加到约 400 m。由于车辆数量较多，在一个较大的小区内占用较多的 PRB，400 m 半径的虚拟小区的信道利用率要高于 320 m 半径的虚拟小区。有效的信道利用率与可靠性要求密切相关。这意味着与 LTE 系统的最大信道利用率相比，在 C-V2X PC5 通信系统中应该考虑信道利用率的干扰余量。

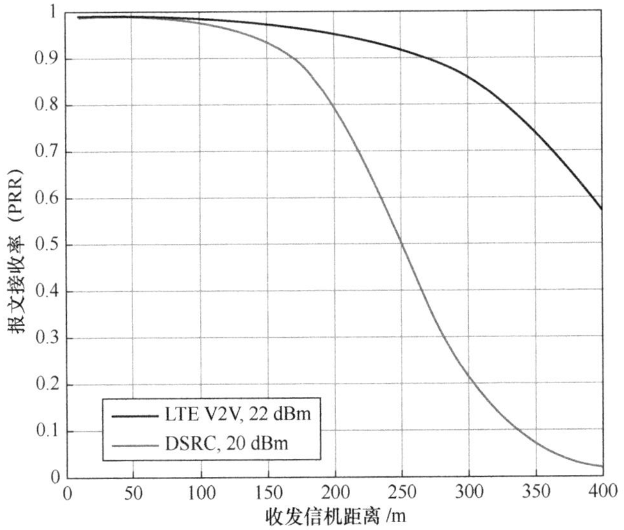

图 9-10　计算频谱需求时，V2X 通信等效于一个虚拟小区的上行链路

在 100 ms 持续时间内统计发送的总 RB 数量（N_{PRB}），应包括有效通信范围半径的虚拟小区中的所有发射 C-V2X 业务的车辆。然后，计算虚拟小区中 100 ms 持续时间内的所有可用 RB 数（$N_{\mathrm{Total\text{-}PRB}}$）。总之，有效的信道利用率（Channel Utilization Rate，CUR）可以通过 RB 的平均占有率进行评估，同时满足 3GPP 的可靠性要求。

$$\text{CUR}=\frac{N_{\text{PRB}}\times N_{\text{vehicle}}}{N_{\text{total-PRB}}} \tag{2}$$

其中，

N_{PRB}是每个传输的数据和控制的 PRB 总数。

$N_{\text{Total-PRB}}$是分配资源池的 PRB 总数。

N_{vehicle}是有效通信范围内的车辆数量。

根据 3GPP TR 36.885 第 9.1.1 节的规定，在高速公路的情况下，具有增强功能的 PC5 接口的性能超过或接近 320 m 范围内平均 PRR 的 80%。由于不同的假设和实施，模拟结果因公司而异，一些典型和积极的配置和假设将被考虑在内。假设车辆速度为 70 km/h，TTC 为 2.5 s。在 3GPP 模拟中，有 6 个车道（每个方向 3 个车道），因此，N_{vehicle}大约是 84。如果车辆速度为 30 km/h，TTC 为 2 s，车辆平均车长为 4.5 m，N_{vehicle}大约为 186，则可以假设 N_{vehicle}为 84～186。

请注意，N_{PRB}的选择取决于仿真假设。较少的 N_{PRB}意味着较少的系统级干扰，而链路级性能可能由于冗余度较低而变差。更多的 N_{PRB}意味着更好的链路级性能和更多的冗余，但是系统级干扰更高。因此，N_{PRB}的配置应在链路级别和系统级别性能之间进行平衡。基本上，20～24 是 N_{PRB}的典型范围。对于 300 Byte 和 190 Byte 的数据包，分配相同的 N_{PRB}的 RB，甚至一些公司在他们的 3GPP 提案中假定 N_{PRB}是 50。

$N_{\text{Total-PRB}}$为分配资源池的 PRB 总数，是以 10 Hz 传输频率发送基本安全信息中 100 ms 内子帧的 RB 数。总共有 50 RB×100 个子帧。$N_{\text{Total-PRB}}$是 5000。

假定 $N_{\text{PRB}}=20, N_{\text{vehicle}}=84,\ N_{\text{Total-PRB}}=5000$，那么

$$\text{CUR}=\frac{N_{\text{PRB}}\times N_{\text{vehicle}}}{N_{\text{Total-PRB}}}=\frac{20\times 84}{5000}=0.336$$

较高的移动速度导致无线电链路性能降低，从而减少有关车辆可以连接的车

辆数量。另外，较高的移动速度导致车辆之间的较大差距和较低的业务密度，然后增加通信范围以降低干扰水平，并改进了信道利用率。尽管 CUR 因系统配置和优化而异，但我们注意到 CUR 对移动速度不敏感，因此建议以 0.336 的取值来反映典型的系统配置。

9.4.2 频谱需求评估方法

本节介绍了一种流量负载映射方法，通过利用系统负载和系统吞吐量之间的关系（所有基于分组的系统都是通用的），将预期提供的分组流量映射到所需的系统容量。

为此，我们注意到频谱需求是由通信系统容量、频谱效率、车辆密度、有效通信范围和业务量模型的组合决定的，更高的频谱效率将使系统能够在较小的频谱范围内支持相同的业务。

V2V/I/P 方向通信系统的频谱需求计算模型如图 9-11 所示。每个车辆广播基本安全消息（Basic Safety Message，BSM），并且每辆车也都收听其他车辆发送的消息。频谱需求是确保在有效通信范围内由所有其他车辆以特定 PRR（分组接收比率）正确接收汽车广播消息的最小频谱总量。如果我们将一个接收车辆视为虚拟小区中的基站（BS），则可以转换为研究虚拟小区的频谱需求，以确保基站（图 9-11 中的相关车辆）能够接收在小区覆盖范围（即有效通信范围）内来自所有终端（其他终端车辆）的消息。因此，研究蜂窝系统的上行链路频谱需求的所有现有方法都可用于分析 V2V/I/P 方向通信的频谱需求。

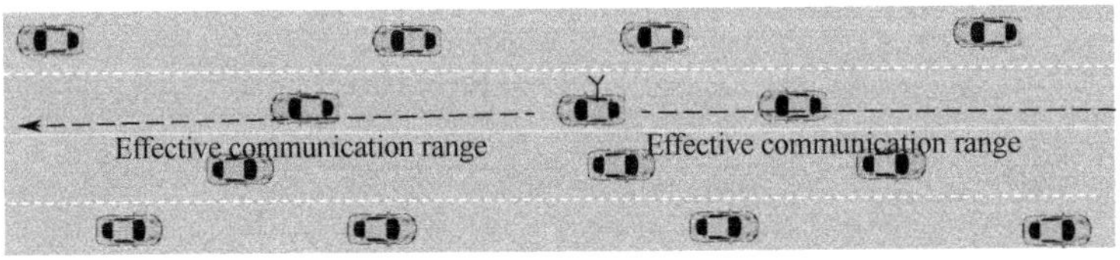

图 9-11 频谱需求计算模型

流量负载映射方法将预期的数据流量直接映射到所需的系统容量和整体

频谱需求。

本书采用了图 9-11 中的模型，将 V2X 通信等价为一个半径为有效通信距离（Effective communication range）的小区。在该小区内，V2X 通信可看作一个虚拟小区的上行链路。

V2V/I/P 在统一的 ITS 频谱中所需的带宽可以针对感兴趣的安全相关的 ITS 使用情况进行计算，基于不同场景和假设，采用达成一致的参数。所需带宽将被确定性地表达，例如，$B = x$ MHz。

估计频谱（Spectrum）需求的方法可以表示为以下公式：

$$\text{Spectrum} = \frac{\sum_n (\text{PacketSizePerTx}_n \times \text{TxFrequency}_n)}{\text{SpectralEfficiency} \times \text{ChannelUtilisation}} = \frac{\sum_n \text{DataRate}_n}{\text{SpectralEfficiency} \times \text{ChannelUtilisation}} \tag{3}$$

其中：

（1）$n = 1,2,\cdots,$ NbVehiclesInRange。NbVehiclesInRange 是有效通信范围内的车辆数量。它取决于车辆的平均速度和有效的通信范围。请注意，基于对安全应用所需的 QoS 的考虑，已经针对特定的有效通信范围进行系统设计。

（2）PacketSizePerTx_n 是第 n 辆车在有效通信范围内传输的数据包大小，由应用的业务流量模型确定，单位是比特（bit）。

（3）TxFrequency_n 是第 n 辆车在有效通信范围内的消息传输频率，由应用的流量模型确定，单位为 Hz。

（4）SpectralEfficiency 是无线技术的频谱效率，单位为 bps/Hz。它在发射机侧进行测量，在所考虑的 RAT（无线电接入技术）中并由用于 V2X 传输的调制和信道编码方案确定。

（5）ChannelUtilisation 是无线信道的最大资源利用率，它考虑了接收端的频谱效率降低，信号衰减，同道干扰以及接收机满足 PRR 要求的性能。

（6）$DataRate_n$ 是有效通信范围内第 n 辆车的数据速率，可以通过 $PacketSizePerTx_n \times TxFrequency_n$ 进行计算。

在业务负载映射方法中，可以累积来自有效通信范围内的所有车辆的消息流量以获得预期的整体业务负载，整体业务负载进一步被 RAT 的频谱效率除以得到所需的频谱。在延迟约束系统中，系统负载应该只是从频谱效率导出的系统容量的一部分。实际的频谱效率应该进一步通过信道利用率进行调整，信道利用率由接收机性能和所考虑的无线接入技术（Radio Access Technology，RAT）的调度方法来决定，以保证在所需的时间延迟约束内的 V2X 消息的传输延迟。

应该注意的是，通常针对给定的发射功率，将 ITS 通信技术可实现的最大有效通信范围（即系统可实现的最大 QoS 等级）进行比较。在进行安全通信的时候，QoS 需要由安全要求设定，这又决定了终端使用的功率。在公式（3）中，无线技术不仅影响 NbVehiclesInRange，还影响 SpectralEfficiency 和 ChannelUtilisation。

9.4.3 研究结果示例

基于以上假设和分析，表 9-7 和表 9-8 给出不同车道情况下高速公路的 LTE-V2X V2V 频谱计算的参数和结果。

表 9-7 12 车道高速公路 LTE-V2X V2V 频谱计算参数和结果

参 数	数 值	注 释
平均周期包长 （Byte）	300	a_1
平均事件触发包长（Byte）	800	a_2
周期包发送频率（Hz）	10	b_1
事件触发包发送频率（Hz）	10	b_2
有效通信范围内发送周期包的车辆数量（辆）	192	c_1

（续表）

参　　数	数　　值	注　　释
有效通信范围内发送事件触发包的车辆数量（辆）	19	c_2
频率效率（bit/s/Hz）	0.6	d
信道利用率	0.336	e
频谱需求（MHz）	28.9	$(a_1\times8\times b_1\times c_1+a_2\times8\times b_2\times c_2)/d/e/1\ 000\ 000$

表 9-8　6 车道高速公路 LTE-V2X V2V 频谱计算参数和结果（3GPP 仿真假设场景）

参　　数	数　　值	注　　释
平均周期包长（Byte）	300	
周期包发送频率（Hz）	10	
车道数（Lane）	6	单边 3 车道
有效通信距离（m）	320	
车辆行驶速度（km/h）	70	
车辆密度（Vehicle/m/Lane）	0.0206	
有效通信范围内车辆数量（Vehicle）	84	$\left\{\text{floor}\left[320(\text{m})\times2\times0.0206\dfrac{\text{Vehicle}}{\dfrac{\text{m}}{\text{Lange}}}\right]+1\right\}\times6(\text{Lane})$
频率效率 (bit/s/Hz)	0.6	
信道利用率（%）	33.6	
频谱需求（MHz）	10.0	$\dfrac{300(\text{Byte})\times8(\text{bit / Byte})\times10(\text{Hz})\times84(\text{Vehicle})}{0.6\left(\dfrac{\text{bit}}{\dfrac{\text{s}}{\text{Hz}}}\right)\times33.6\%}$

高速公路场景下基于 LTE-V2X 的 V2I 频谱需求计算结果见表 9-9。

表 9-9　高速公路 LTE-V2X V2I 频谱计算参数和结果

参　　数	数　　值	注　　释
平均周期包长（Byte）	1200	a
消息包发送频率（Hz）	2	b
有效通信范围内发送周期包的 RSU 数量	1	c
频率效率（b/s/Hz）	0.6	d
信道利用率	0.336	e
频谱需求（MHz）	0.1	$a\times8\times b\times c/d/e/1\ 000\ 000$

9.4.4 自动驾驶场景下的频谱需求研究

除了支持基本安全应用的3GPP Release 14 LTE V2X的基本要求之外，通信领域和汽车领域也认识到LTE-V2X演进的重要性。汽车交通领域已经开始看到V2X不仅应用于车辆状态信息的单向广播通信，而且3GPP还将进一步增强系统设计和通信能力，以满足更多新兴 V2X 应用所需的关键性能指标（KPI）。也就是说，随着 V2X 应用的发展，传输关于车辆自身状态数据的较短消息将与包含传感器数据、车辆驾驶意图数据、协调和未来操作确认等的较大数据量消息的传输相辅相成。例如，这些应用程序可以包括自动驾驶、汽车编队、安全相关的V2X服务和其他服务之间的处理优先级。对于这些高级应用，数据速率、可靠性、等待时间、通信范围和速度等预期要求将更加严格[13]。

3GPP 技术报告[12]指出，先进的 V2X 应用的一个相关方面是自动化水平（LoA），它反映了技术的功能并影响系统性能。根据SAE和NHTSA的等级，LoA 分为：0—无自动化；1—驾驶员辅助；2—部分自动化；3—有条件自动化；4—高度自动化；5—全自动化。根据主要由人类操作员还是自动化系统负责监控驾驶环境，来区分等级0～2（驾驶员控制）和3～5（车辆控制）。

大家认为，到2025年SAE 4～5级自动驾驶将进入市场，到2022年SAE 2～3 级自动化将进入市场。C-V2X 通信已为大家广泛接受，作为对车辆中其他本地传感器的补充。基于5G新空口（5G New Radio，5G-NR）的V2X技术可以从多个维度进一步启用和增强 SAE 自动化 2 至 5 级，如感知、计划、定位、意向共享（ADAS）和传感器信息等。基于 5G-NR 的 V2X 将与LTE -V2X共存，并且服务于不同目标的用例。 LTE-V2X将提供基本的安全服务，而基于5G-NR的V2X将提供先进应用。

考虑引入自动驾驶以后，由于系统需要传送更多的甚至更新的消息，支持机器判断决策，系统负载以及容量都会增长，从而引发频谱需求的增加。

在3GPP TR 22.886中有多种使用场景，可分为部分和全自动驾驶。一些用例可能会相互重叠，推荐以下用例和相关参数用于 5G NR-V2X PC5 频谱需求研究，见表 9-10[12]，但是，这里不包括那些用于 5G NR Uu 接口的用例。

表 9-10　部分应用的数据流量参数和可靠性要求

用　　例	有效负载大小（Byte）	发送频率（Hz）	数据速率（kbps）	有效通信范围	备　　注
部分/有条件自动驾驶的信息共享	6500	10	520	10 秒×最大相对速度（米/秒）	该用例可被视为用于自动驾驶。SAE 3 级自动化和 SAE 2 级自动化，其中假定车间距非短距（例如，大于 2 秒×车速），并且抽象/粗略数据交换足以支持应用。 服务流程： （1）每个车辆与其他车辆共享其检测到的对象（例如，由本地传感器检测到的抽象对象信息）和/或粗略驾驶意图。 每个 RSU 与车辆 A、B 和 C 共享其检测到的对象。 （2）每辆车获取周围物体的信息，这些信息不能仅从本地传感器获得，并且也获得邻近其他车辆的驾驶意图。 请参阅 3GPP TR 22.886 第 5.10 节中的表 7.2.3-1
高度自动驾驶的信息共享			53 000	5 秒×最大相对速度（米/秒）	该用例被视为用于自动驾驶，SAE 4 级和 5 级自动化，其中假定车间距非短距（例如，大于 2 秒×车速）并且需要高分辨率数据交换。 服务流程： （1）每辆车与其他车辆共享其高分辨率感知数据（例如，相机、激光雷达、占用网格）和/或详细计划的轨迹。每个 RSU 与车辆 A、B 和 C 共享其高分辨率感知数据。 （2）每辆车获取周围环境的信息，这些信息只能从当地传感器获得，并且也获取其他附近车辆的计划轨迹。 请参阅 3GPP TR 22.886 第 5.11 节中的表 7.2.3-1

传感器共享和轨迹共享是支持自动驾驶功能最有用的应用[12]。以传感器共享和轨迹共享为例，下面给出了一些消息业务模型。

根据丰田汽车公司的研究[14]，自动驾驶信息大小可建模为 350 Byte+x×50 Byte，其中假定 350 Byte 为基本安全信息的平均有效载荷，x 表示车辆从本地传感器观察到的对象数量。50 Byte 表示单个对象信息平均载荷。如果 x 被假定为 25，那么图 9-12 中央的深色小汽车将感应到围绕它的 25 辆浅色小汽车。自动驾驶信息大小为 1250 Byte，发送频率是 10 Hz，数据速率是 100 kbps。

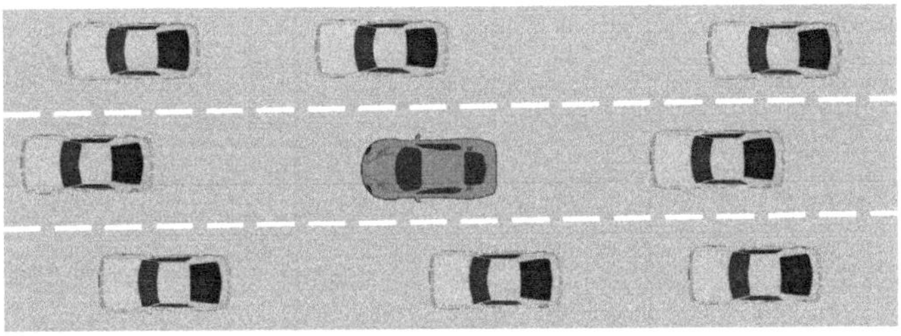

图 9-12　在自动驾驶中本地传感器观察到的物体

对于传感器共享信息，如果每辆车都发送周围物体信息，则会有很多冗余信息。为了减少消息业务量的冗余，可以只让一部分车辆发送传感信息，与周围车辆共享信息。发送传感器共享信息的车辆比例应该是频谱需求研究中需要考虑的重要假设。

对于轨迹规划[12, 15]，如图 9-13 所示，建议数据速率大约为 2.5 Mbps（32 Byte/坐标，10 ms 分辨率，10 s 轨迹，10 Hz）。但是，通过编码可以减少消息业务量的冗余[4]，第一个坐标以高精度发送（32 Byte），随后的 10 ms 分辨率坐标以 2 Byte 发送。对于 10 s 轨迹和 10 ms 分辨率，它将每 100 ms 更新 1000 点坐标。因此，它们将每 100 ms 发送 2030 Byte。压缩编码的数据速率约为 162 kbps。将来，可以应用更先进的信源编码来减少连续轨迹有效载荷的冗余。因此，轨迹共享的有效载荷大小可能会进一步降低。如果有任何关于业务流量建模的最新成熟研究，应该反映在本频谱研究当中。

如果车辆同时发送传感器共享和轨迹共享信息，则有效载荷大小为每 100 ms 3280 Byte，总数据速率为 262 kbps（100 kbps 和 162 kbps 之和）。如果考虑只有部分车辆发送传感器共享信息，那么对于那些不发送传感器共享信息的车辆，有效载荷大小将会更小。

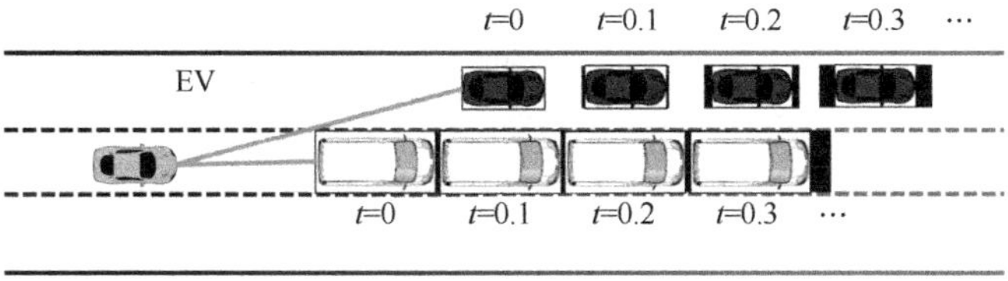

图 9-13　自动驾驶的轨迹共享

在表 9-10 中，信息共享部分自动驾驶的 3GPP 用例里，用于部分自动驾驶的 3GPP 业务模型的有效载荷大小是 6500 Byte。它假定 60 Byte/对象，有效载荷包含 100 个对象的信息[12,13]，传感器共享的有效载荷大小为 6000 Byte。那么推测 500 Byte 用于粗略驾驶意图分享，这与轨迹共享也是相似的。

因此，在自动驾驶频谱研究中可以研究有效载荷大小的范围，例如 3280～6500 Byte。尤其是该范围的下界值需要进一步研究，因为可能会使用更高级的信源编码。

自动驾驶场景业务建模结合通信需求，并考虑对 5G V2X 无线技术的频谱效率评估，采用本书 9.4.2 节中的评估方法，就可以进一步对 5G V2X 自动驾驶的频率需求进行评估。

本章从 ITS 国际频率调研、国内频率调研、共存研究以及频率需求研究等四个环节，介绍了 C-V2X 频率研究方法和部分 CCSA 以及 5GAA 研究报告结果。对于下一代 C-V2X 技术，还需要结合无线接入技术以及更多应用场景开展深入的频谱研究，如果当前规划频率不能满足，则需要更多频率来满足未来智能交通业务需求，届时仍然需要通过调研国际频率趋势和国内频谱分配现状寻找新的候选频率，并结合频率需求和共存研究，研究新频率的可得性和可行性。

参考文献

[1] 王东柱，杨琪.欧洲合作智能交通系统发展现状及相关标准分析[J].公路交通科技，2013,30(9).

[2] European Commission Enterprise and Industry Directorate-general. EC Mandate453 [EB/OL]. 2009-10-06. http://ec.europa.eu/enterprise/sectors/ict/files/standardisation_mandate_en.pdf.

[3] ARIB STD-T109. 700MHz BAND INTELLIGENT TRANSPORT SYSTEMS[EB/OL]. http://www.arib.or.jp/english/html/overview/doc/5-STD-T109v1_0-E1.pdf.

[4] Jim Chadwick, Frank Mammano, Bob Kelly.Radio-frequency Spectrum Acquisition and Coordination for North American Intelligent Transportation Systems (ITS)[R]. Transtech Conference-1995.

[5] 中国通信标准化协会. 智能交通车车车路主动安全应用的频率需求和相关干扰共存研究[R/OL]. http://www.ccsa.org.cn/tc/meeting_annex.php?doc_id=72853.

[6] 3GPP. Study on LTE-based V2X services: TR36.885 V14.0.0[R].

[7] 3GPP. User Equipment (UE) radio transmission and reception: TS36.101.EUTRA[S].

[8] ETSI. Broadband Radio Access Networks (BRAN); 5GHz high performance RLAN; Harmonized EN covering the essential requirement of article 3.2 of the R&TTE Directive: EN 301 893[R].

[9] 3GPP. Study on LTE Support for V2X Services: Release 14 TR 22.885[S].

[10] Lu Gao, Yan Li, Jim Misener, Shailesh Patil. C-V2X based basic safey related ITS spectrum requirement analysis[R]. VTC，2017 fall.

[11] 3GPP. Service requirements for V2X services: TS 22.185[S].

[12] 3GPP. Study on enhancement of 3GPP Support for 5G V2X Services: TR22.886 V15.0.0[R]. 2016-12.

[13] 3GPP. Enhancement of 3GPP Support for 5G V2X Services; stage 1: TS22.186 V15.2.0[S]. 2017.

[14] Gaurav Bansal, Toyota InfoTechnology Center, USA. The Role and Design of V2X Communications for Automated Driving[N]. Autotech Council V2X & NAIAS Debrief, February 12, 2016.

[15] 5GAA. Spectrum Needs Use Cases & Bandwidth Demand: S-170147[R]. QUALCOMM, 2017 November.

[16] 5GAA whitepaper. Study of spectrum needs for safety related intelligent transportation systems[R]. 2018.

第 10 章　智能网联汽车的场景及测试

工作场景和用例是车联网技术为智能网联汽车赋能的最终形式。随着交通领域和通信领域的深入讨论，业界定义了表 10-1 中的 V2X 用例，并制定了相应的测试方法，通过测试来验证车联网技术这些用例里的实际表现。在美国的测试中，包括禁止对向超车警告（Do Not Pass Warning，DNPW）在内的用例对 DSRC 技术提出了一些挑战，而这也正是 C-V2X 及未来 V2X 技术设计需要着重考虑的部分。

表 10-1　V2X 用例

应用场景		V2X
交通安全	前向碰撞预警	V2V
	跟车过近提醒（区别于 FCW，发生在 FCW 之前）	V2V
	RSU 提醒碰撞（V2V 不可能的情况下）	V2I
	碰撞不可避免告警	V2V/V2X
	左转辅助/告警	V2V
	汇入主路辅助/碰撞告警	V2V
	交叉路口碰撞告警（有信号灯/无信号灯/非视距等，存在路边单元）	V2I
	交叉路口碰撞告警（有信号灯/无信号灯/非视距等，不存在路边单元）	V2V
	超车辅助/逆向超车提醒/借道超车	V2V
	盲区告警/换道辅助	V2V
	紧急制动预警（紧急电子刹车灯）	V2V
	车辆安全功能失控告警	V2V
	异常车辆告警（包含前方静止/慢速车辆）	V2V
	静止车辆提醒（交通意外、车辆故障等造成）	V2V
	摩托车靠近告警	V2V/V2P
	慢速车辆预警（拖拉机、大货车等）	V2V
	非机动车（电动车、自行车等）靠近预警	V2P
	非机动车（电动车、自行车等）横穿预警/行人横穿预警	V2P
	紧急车辆提示	V2V/V2I/V2N

（续表）

应用场景		V2X
交通安全	大车靠近预警	V2I
	逆向行驶提醒（提醒本车及其他车）	V2V
	前方拥堵/排队提醒（仅有路边单元，仅依靠 V2V 和两者结合）	V2I/V2V/V2N
	道路施工提醒	V2X
	前方事故提醒	V2I
	道路湿滑/危险路段提醒（大风、大雾、结冰等）	V2I
	协作信息分享（危险路段、道路湿滑、大风、大雾、前方事故等）	V2I
	闯红灯（/黄灯）告警	V2I
	自适应近/远灯（如会车灯光自动切换）	V2V
	火车靠近/道口提醒	V2I/V2P
	限高/限重/限宽提醒	V2I
	疲劳驾驶提醒	V2V
	注意力分散提醒	V2V
	超载告警/超员告警	V2N/V2P
交通效率	减速区/限速提醒（隧道限速、普通限速、弯道限速等）	V2I/V2N/V2V
	减速/停车标志提醒（倒三角/“停”）	V2I
	减速/停车标志违反警告	V2X
	车速引导	V2I/V2V/V2N
	交通信息及建议路径（路边单元提醒）	V2I/V2N
	增强导航（接入 Internet）	V2N/V2I
	商用车导航	V2N
	十字路口通行辅助	V2V/V2I/V2N
	专用道动态使用（普通车动态借用专用车道）/专用车道分时使用（分时专用车道）/潮汐车道/紧急车道	V2I
	禁入及绕道提示（道路封闭、临时交通管制等）	V2I
	车内标牌	V2I
	电子不停车收费	V2I
	货车/大车车道错误提醒（高速长期占用最左侧车道）	V2I
	自适应巡航（后车有驾驶员）	V2V
	自适应车队（后车无驾驶员）	V2V
信息服务	兴趣点提醒	V2I/V2V
	近场支付	V2I/V2N
	自动停车引导及控制	V2I/V2N
	充电站目的地引导（有线/无线电站）	V2I/V2N

（续表）

应用场景		V2X
信息服务	电动汽车自动泊车及无线充电	V2I/V2N
	本地电子商务	V2I/V2N
	汽车租赁/分享	V2I/V2N
	电动车分时租用	V2I/V2N
	媒体下载	V2I/V2N
	地图管理，下载/更新	V2I/V2N
	经济/节能驾驶	V2X
	即时消息	V2V
	个人数据同步	V2I/V2N
	SOS/eCall 业务	V2I/V2N
	车辆被盗/损坏（包括整车和部件）警报	V2I/V2N
	车辆远程诊断，维修保养提示	V2I/V2N
	车辆关系管理（接入 Internet)	V2I/V2N
	车辆生命周期管理数据收集	V2I/V2N
	按需保险业务（即开即交保等）	V2I/V2N
	车辆软件数据推送和更新	V2I/V2N
	卸货区管理	V2I/V2N
	车辆和 RSU 数据校准	V2I
	电子号牌	V2I

10.1　应用示例

随着技术的进步，近十几年，在智能交通领域，为了提高驾驶安全性、交通效率以及用户体验，汽车与汽车，汽车与行人，以及汽车与交通设施均被互相连接，形成车、行人和基础设施互联的新场景。以汽车行驶安全、效

“Compliance assessment”（比如 Car2Car-CC）或“Conformity assessment”（比如 I_HeERO）。两者的认证体系也不完全一致，到目前为止，汽车型号核准（Car-Type Approval）是独立的，并且不允许从自愿认证体系中进行继承，其主要覆盖汽车安全相关方面，如电磁兼容性（EMC）、碰撞等，还没有涉及互通方面的认证（因为没有必要），而互通认证是 V2X 成功的关键之一。自愿认证体系（如 GCF）还未能与具备强制效力的汽车型号核准体系进行很好的融合（如 eCall）。虽然在欧洲 2G/3G NADs 已经是 eCall 强制认证的一部分，但是自愿认证体系和强制认证在某种意义上是两类认证。在接下来的小节中主要介绍目前 C-ITS Platform 的认证框架倡议，该框架倡议定义欧洲 C-ITS 终端 Compliance assessment 的角色和责任，还没有涉及认证实体落地以及相应的测试规范等具体工作，该部分工作还有待进一步开展。

2. C-ITS Platform 认证框架

目前 C-ITS Platform 关于认证（Compliance assessment）的报告还未完全完成，处于草案阶段，现有的报告内容已有关注并有未来相关的技术，在某种意义上是技术中立的（但对于某种技术需要和相应的规范进行对接）。该报告关注端到端业务测试、QoS 评估以及 C-ITS 系统可扩展性的认证方法论和需求。更进一步来说，该报告还具体描述了认证相关各方的角色、职责和总体的认证流程，仅关注 C-ITS Station 而不关注单个器件或者整体系统，其中单个器件和整体系统由产业或者各个欧盟成员另做规定，而该认证框架并未涉及。C-ITS Platform 认证框架如图 10-3 所示，给出了具体 C-ITS Platform 所关注的认证对象，以及该对象处在整个产业链中的环节。

C-ITS Platform 认证流程与功能实体如图 10-4 所示，给出了 C-ITS Platform 的提议的总体认证流程，其中涉及的四个主体以及它们的责任分别为：

（1）C-ITS 管理实体（C-ITS Governing Body）：主要定义 C-ITS Station 的具体要求以满足具体政策和法规的需要。C-ITS 管理实体定义可操作的以及安全相关的需求，从而推动认证相关定义和流程，该流程同时由认证实体（Compliance Assessment Body）进行协调。

（2）C-ITS 监督实体（C-ITS Supervision Body）：增加/更新具体测试例和相应的系统规范，要求制造商更新未来的产品（可能需要新的认证），C-ITS Station 列表数据库的去除，以及要求市场产品的更新。

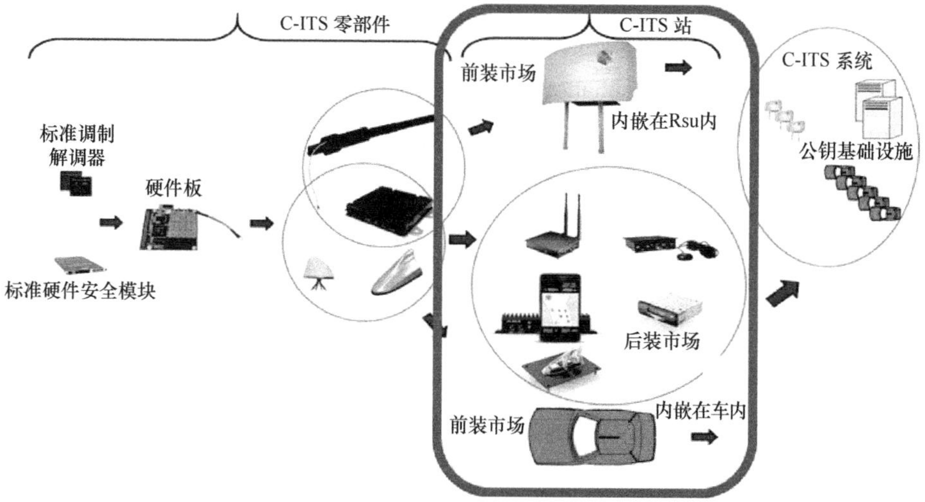

图 10-3　C-ITS Platform 认证框架

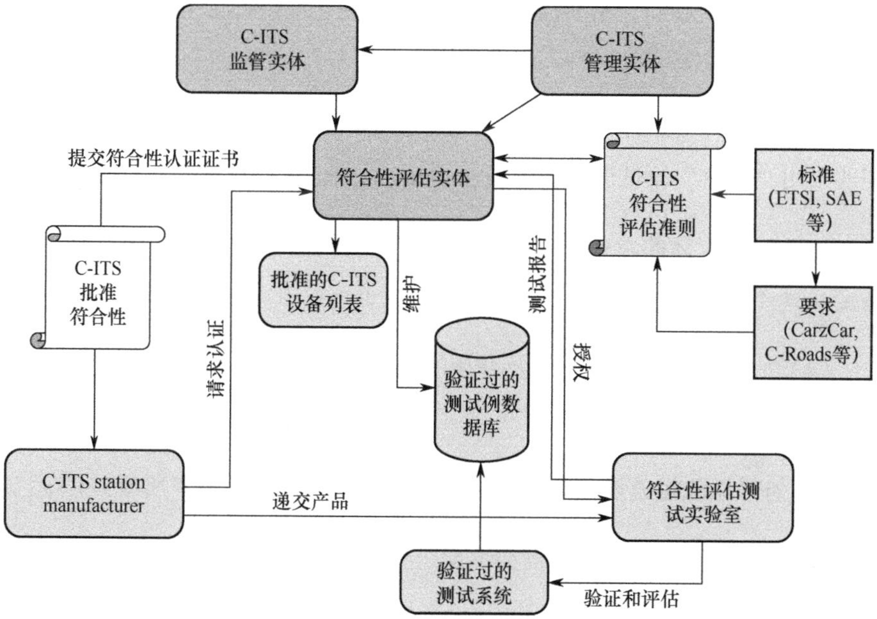

图 10-4　C-ITS Platform 认证流程与功能实体

（3）认证测试实验室（Compliance Assessment Test Lab）：执行满足 C-ITS 认证准则的测试例，该测试将由有资质的人员、采用验证过的测试系统在屏蔽的实验室环境进行执行，在选定的经过验证的测试系统上对测试例进行验证，生成测试报告并提交给认证实体，根据具体实验室要求[4]进行资格评定。

（4）认证实体（Compliance Assessment Body）：依据 C-ITS 管理实体可操作和安全需求定义以及相关标准定义认证准则，依据 C-ITS station 类型和功能定义认证的测试范围，对所有的 C-ITS station 定义最小的测试准则以保证该 station 在整个 C-ITS 网络里面是可以互通的。认证实体还处理来自 C-ITS 制造商的认证需求，在认证成功之后递交认证证书，维护已获认证 C-ITS station 的数据库、经过验证的测试例和测试系统数据库，依据某项准则（待定义）对符合 ISO 17025 标准的第三方独立实验室，进行授权或者提名满足要求的实验室，根据具体认证实体需求[5]进行资格评定。

后续 C-ITS Platform 提议进一步需要解决的问题包括：

（1）认证应包括安全和隐私相关部分，其中的一些基本方面仍需进一步工作，以保证合适的鉴权和完整性方面的需求。

（2）“黑盒”vs“白盒”测试，为了安全和隐私以及其他相关需要，可能需要采用“黑盒”测试进行代码检（code inspection）。

（3）认证主体的责任需要进一步明确，包括由谁维护相关数据库以及具备定义具体测试例的权利。

（4）如何处理软硬件升级及替换的认证相关工作和如何进行全生命周期的管理，主要包括：

① 如何保证相关设备在整车生命周期内均能够可靠工作（>15 年）；

② 在车辆试用期间是否需要重新进行认证/评估，或者是否需要进行周期性的检测；

③ 如何界定需要重新做认证/评估的情况；

④ 如何处理进口车辆及其证书的相关问题。

为此，C-ITS Platform 提出了后续需要继续研究和开展的相关工作，主要包括：

① 需要建立合适的、统一的欧盟范畴内法律和技术框架以对接由 C-ITS Platform 提出的相关认证建议、角色（管理、运营、监督）、流程和需求；

② 需要允许能够在相对短的时间内进行部署（2019 年），并且需要考虑对已经部署业务的后向兼容，以及与其他认证框架保持一致性；

③ 在统一的欧盟框架下需要进一步开展工作，对 C-ITS Platform 各个工作组定义的各种角色和责任进行详细的对接（包括认证、隐私/数据保护、安全等）。

10.2.1.3　美国

1. 背景概述

为了推动和配合 DSRC 在美国的发展，美国交通部（USDOT）为 DSRC 建立了相关认证方案，直至今年该认证方案均为政府支持，并且从 2015 年开始与 OmniAir、Danlaw 和 7Layers 进行合作，先期主要支持试验示范项目。后续该认证相关工作将从由政府主导转为由产业主导的认证（由 OmniAir 运行）。整体的目标是帮助组织和运行一个可持续发展的认证项目以支持 DSRC 的业务发展。到目前为止，所有通信层的测试规范已经完备，OminiAir 将对具体执行实验室进行认证和授权，并且控制一致性证书以及其认证 LOGO 的使用。OminiAir 可能会与 5GAA 在上层通信认证方面进行合作[底层由全球认证论坛（Global Certification Forum，GCF）或者其他实体进行认证]。认证主要包括以下三部分内容：

（1）协议/消息一致性，以保证采用特定协议发送和接收消息的能力、使用安全和相关证书；

（2）性能需求认证，定位与定时信息的使用、无线性能；

（3）终端之间的互通性。

下面将对这些方面进行详细介绍。

2. 认证方案

美国的测试规范主要包括 5 个部分：多信道操作、安全、V2V 安全 On-board 系统需求、802.11 和组网服务。

OmniAir 认证和技术规范关系如图 10-5 所示。

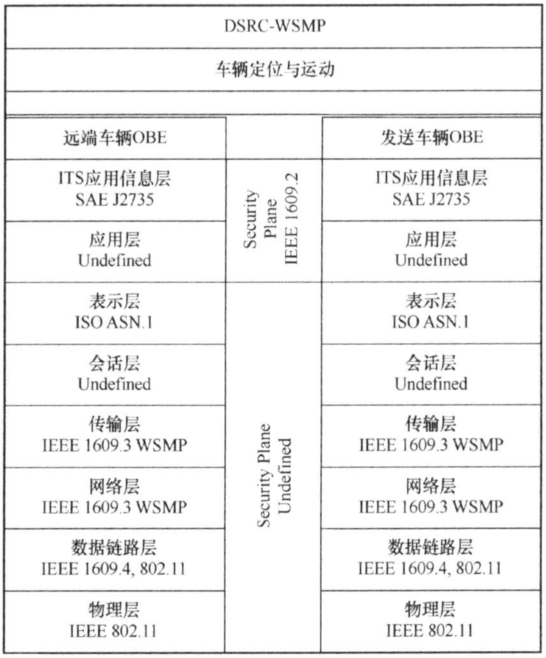

图 10-5　OmniAir 认证和技术规范关系

表 10-2 给出了具体的认证技术范围以及未包括在内的部分。

表 10-2　OmniAir 认证技术范围以及未包括部分

包　括	不 包 括
RF 测试（per 802.11）	EMC/EMI 测试，功率使用
协议一致性	环境、物理测试
消息一致性	功率调节
FCC 测试（认证强制）	其他接口（有线或无线）

（续表）

包　括	不 包 括
1609.2 安全	802.11 以及其他协议
SCMS 协议（未来）	车辆数据总线
RSU 远端设备配置	密码算法能力
互操作测试	应用测试

OmniAir 目前制定的认证流程相对简单，其示意图如图 10-6 所示，主要包括：

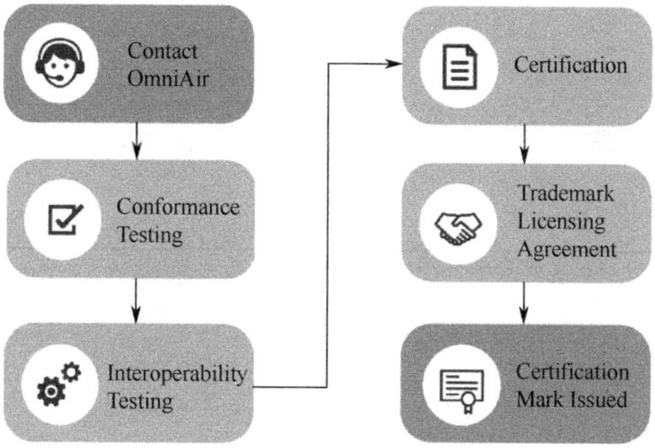

图 10-6　OmniAir 认证流程示意图

（1）联系 OmniAir（Contact OmniAir）；

（2）一致性测试（Conformance Testing）；

（3）互操作测试（Interoperability Testing）；

（4）认证（Certification）；

（5）授权许可协议（Trademark Licensing Agreement）；

（6）发布认证通过标志（Certification Mark Issued）。

10.2.2　评测方法论

智能网联车连接能力评测涉及安全与效率类应用，以及信息服务类应用，本书以安全与效率类为例介绍评测方法。信息服务类与目前的移动宽带业务类似，因此评测方法极大地沿用目前的业务评测方法。

10.2.2.1　概述

本小节主要针对安全与效率类应用的连接能力评测方法进行讨论，其评测框架如图 10-7 所示，安全与效率类应用连接能力评测主要涉及以下三方面的内容：

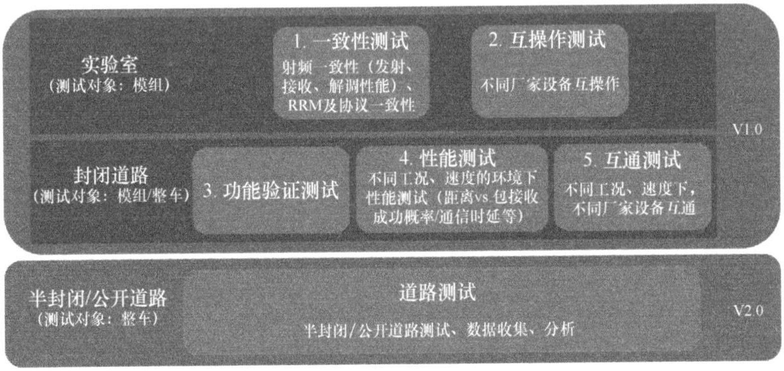

图 10-7　评测框架

（1）实验室评测，其测试对象可以为模组或者终端，主要考察通信协议一致性以及互操作/互通能力，一致性测试包括射频一致性（信号发射、接收以及解调性能）、无线资源管理（Radio Resource Management，RRM）一致性以及协议一致性等方面的内容，其中协议一致性既包括底层协议一致性测试，也包括上层协议一致性测试。协议一致性测试保证了通信双方对于协议以及相应实现的理解是统一的、没有歧义的；而射频一致性测试主要考察 LTE V2X 无线通信射频的接收/发射以及解调性能是否满足国家无线电管理以及 LTE V2X 通信要求。

（2）封闭道路评测，其测试对象可以为模组或者整车（从通信角度出发，这里的整车已经具备了完整的通信必要配件，包括 Modem、射频前段、天线以及相应的人机交互接口等），主要考察功能是否具备在不同工况、车速、各种环境以及各种模拟/实际道路状况下的通信系统性能，性能指标包括包接收成功概率、通信时延、覆盖/Range 性能等，以及在不同工况、车数和各种环境下的各不同厂家及同一厂家不同设备信号之间的互操作评测等。

（3）半封闭/公开道路评测，其测试对象为整车（从通信角度出发，这里的整车已经具备了完整的通信必要配件包括 Modem、射频前段、天线以及相应的人机交互接口等），主要考察在实际道路下通信系统的能力和性能，通过数据收集以及大数据分析考察 V2X 系统/通信是否满足设计指标，是否满足各 V2X 应用的通信需求等。

10.2.2.2　基于大数据分析的评测方法

本小节讨论针对公开道路、基于大数据分析的评测方法。由于公开道路环境较复杂，涉及不同的道路工况、天气情况、不同的事件和不同的车速等，需要采取基于大数据分析的评测方法对各类通信事件以及通信性能等进行评测。图 10-8 给出了基于大数据分析的评测方法的示意图，其中评测方法的输入包括具体的道路工况（弯道、直道、城市道路/高速、上下坡、立交桥等）、高精地图信息、高精定位信息（位置信息）、天气情况、车辆速度、数据记录等，数据分析引擎依据上述输入进行事件（拐弯、变道、超车、会车等）以及通信性能等进行分析，从而得到事件统计和性能统计等相关结果。

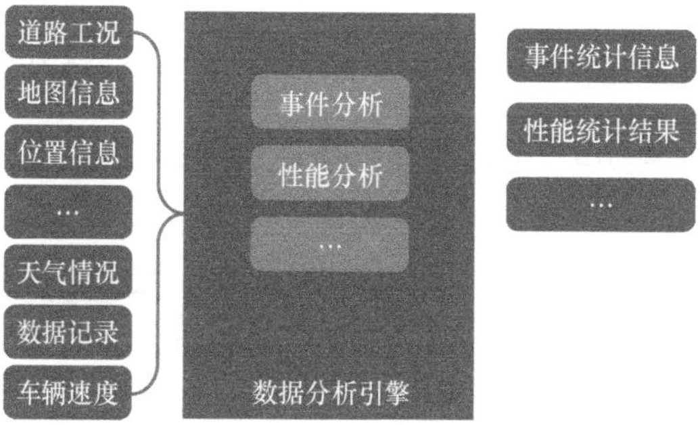

图 10-8　基于大数据分析的评测方法的示意图

下面针对 V2X 通信最重要的两个通信指标（数据包正确接收概率和通信距离）进行讨论，以期指导后续各类涉及通信性能评测的方法设计和性能评估。

10.2.2.2.1 数据包正确接收概率评测方法

数据包正确接收概率采用 3GPP 类似定义，即对于一个发射数据包，数据包正确接受概率（PRR）为 X/Y，Y 为在距离发射机为(a,b)范围内的 UE/车辆数量，X 为在这些 UE/车辆里面正确接收该数据包的 UE/车辆数量。

下文将基于此原理具体讨论 I2V 和 V2V 直接通信场景下的 PRR 计算方法。

1. I2V 直接通信

对于 I2V，数据包正确接收概率计算方法如下：

（1）对于某个固定的 RSU k，分别统计在 $T_1,\cdots,T_n,\cdots,T_N$ 时刻，在该 RSU Range 为（a, b）通过的、速度在（c, d）范围内的车辆总数目（X_{Tn}），然后统计出这些时间，这些通过车辆中正确接收到数据包的车辆数目（Y_{Tn}），其中 $T_1,\cdots,T_N$ 为 RSU 发送消息的时刻，$a=i\times\varDelta_d$ $b=(i+1)\times\varDelta_d$，$\varDelta_d$ 为距离统计精度，3GPP 设为 20 m，$c=j\times\varDelta_v$，$d=(j+1)\times\varDelta_v$，$\varDelta_v$ (m/s) 为速度统计精度，那么

$$\mathrm{PRR}_{(a,b)(c,d)\_k}=\frac{Y_k}{X_k}$$

其中，$X_k=\sum X_{T_{n\_k}}$，$Y_k=\sum Y_{T_{n\_k}}$。

即在距离 RSU 为(a, b)范围内、车辆速度为(c, d)区间的数据包正确接收概率。

（2）重复 j=0–J，即分别统计$(0-\varDelta_v)\mathrm{m/s},(\varDelta_v-2\times\varDelta_v)\mathrm{m/s},\cdots,[(J-1)\varDelta_v-J\times\varDelta_v]\mathrm{m/s}$，在距离为$(a, b)$范围内的 PRR（一定距离范围内，各个速度区间内的 PRR）。

（3）重复 i=0–I，即分别统计$(0-\varDelta_d)\mathrm{m}$，$(\varDelta_d-2\times\varDelta_d)\mathrm{m},\cdots,[(I-1)\varDelta_d-I\times\varDelta_d]\mathrm{m}$，可以得出各个距离范围内的各个速度区间的 PRR 的值。

（4）进一步，在不同的 RSU 之间可以针对同样的距离和速度区间进行平均，从而得到同样工况下的整体 PRR：

$$\mathrm{PRR}_{\mathrm{all}}=\frac{\sum_k X_k}{\sum_k Y_k}$$

精准度取决于数据量，数据量越大，Δ可以取得越小，从而可以得出更加精准的 Range/Rate vs PRR 的曲线。在 RSU 范围（a,b）内、速度为（c,d）区间内的样本数需要足够多，以保证有足够的 X_{Tm}（至少为 K 级别，$[T_m]$为$[T_n]$的子集，指的是有车辆通过的时刻），同时需要考虑天气等道路工况分类。

【示例】

统计特定 RSU 300～320 m 范围内、速度为 20～25 km/h 的 PRR（在统计 X 和 Y 的时候，不统计速度范围在 20～25 km/h 之外的车辆。在图 10-9 中，v 指的是该车没有收到数据包，在 v 里的 v 指的是其速度范围在 20～25 km/h 之内）。

图 10-9　I2V-PRR 数据要求及处理示意

1）数据记录

（1）各个 RSU 的位置信息（固定）；

（2）各个时刻 $T_1,\cdots,T_n,\cdots,T_N$，RSU 发送和接收数据的记录（包含时间戳和接收到的各个车辆发送的消息）。

（3）以 BSM 消息为例，消息里面包括时间、位置、ID、速度、方向等信息；各个时刻 $T_1,\cdots,T_n,\cdots,T_N$ 的各个车辆的位置信息；各个时刻 $T_1,\cdots,T_n,\cdots,T_N$ 的各车辆发送和接收的数据记录。

2）数据处理

（1）按照时刻 $T_1,\cdots,T_n,\cdots,T_N$，依据 RSU ID，将 RSU k 发送消息的记录和

所有车辆（记为V）接收RSU k消息的记录进行对齐。

（2）依据各个车辆对应时刻$T_1,\cdots,T_n,\cdots,T_N$的位置信息和RSU k的位置信息，计算出各个车辆在各个时刻相对于RSU的距离。

（3）在各个时刻，将距离属于(a, b)范围内的车辆筛选出来，集合记为$V_{a,b}$。

（4）在$T_1,\cdots,T_n,\cdots,T_N$各时刻，进一步筛选出其速度属于$(c, d)$范围内的车辆集合，记为$V_{(a,b)(c,d)}$。

（5）统计$T_1,\cdots,T_n,\cdots,T_N$各时刻，在集合$V_{(a,b)(c,d)}$中检查各个时刻对应车辆是否收到RSU k 的数据包，将接收到包的车辆集合记为$\overline{V}_{(a,b)(c,d)}$，则

$$\mathrm{PRR}_k=\frac{\left|\overline{V}_{(a,b)(c,d)}\right|}{\left|V_{(a,b)(c,d)}\right|}$$

2. V2V直接通信

对于V2V，数据包正确接收概率计算方法如下：

（1）对于某个固定的车辆V_k，分别统计在$T_1,\cdots,T_n,\cdots,T_N$时刻，在$V_k$ range为(a,b)范围内的其他车辆且两车相对速度在(c,d)范围内的其他车辆总数目（X_{Tn}），然后统计出对应时刻，这些通过车辆中正确接收到该车辆发送的数据包的车辆数目（Y_{Tn}）。

（2）其中，$T_1,\cdots,T_N$为V_k发送消息的时刻，$a=i\times\varDelta_d$，$b=(i+1)\times\varDelta_d$，$\varDelta_d$为距离统计精度，3GPP设为20 m，$c=j\times\varDelta_v$，$d=(j+1)\times\varDelta_v$，$\varDelta_v$ (m/s) 为速度统计精度，那么

$$\mathrm{PRR}_{(a,b)(c,d)\_k}=1-Y_k/X_k\text{，其中 }X_k=\sum X_{Tn\_k}\text{，}Y_\mathrm{k}=\sum Y_{Tn\_k}$$

即在距离车辆V_k为(a,b)范围内、相对速度为(c, d)区间的数据包正确接收概率。

（3）重复j=0~J，即分别统计$(0-\varDelta_v)$m/s,$(\varDelta_v-2\times\varDelta_v)$m/s,$\cdots$,$[(J-1)\varDelta_v-$

$J\times\Delta_v]$m/s 的各个车辆相对速度在距离为(a,b)范围内的 PRR（一定距离范围内，各个速度区间内的 PRR）

（4）重复 i=0–I，即分别统计$(0-\Delta_d)$m,$(\Delta_d-2\times\Delta_d)$m,$\cdots$,$[(I-1)\Delta_d-I\times\Delta_d]$m，可以得出各个距离范围内的各个速度区间的 PRR 的值。

（5）精确度取决于数据量，数据量越大，Δ 可以取得越小，从而可以得出更加精准的 range/rate vs PRR 的曲线。在 V_k 范围(a,b)内、速度为(c,d)区间内的样本数需要足够多，以保证有足够的 X_{Tm}（至少为 K 级别，$[T_m]$为$[T_n]$的子集，指的是有车辆通过的时刻），同时也需要考虑天气等道路工况分类。

（6）进一步，在不同的 V_k 之间可以针对同样的距离和相对速度区间进行平均，从而得到同样工况下的整体 PRR：

$$\mathrm{PRR}_{\mathrm{all}}=\frac{\sum_k X_k}{\sum_k Y_k}$$

I2V-PRR 数据要求及处理如下：

1）数据记录

（1）各个时刻 $T_1,\cdots,T_n,\cdots,T_N$ 的各个车辆的位置信息；

（2）各个时刻 $T_1,\cdots,T_n,\cdots,T_N$ 的各车辆发送和接收的数据记录（包含时间戳和接收到的各个车辆发送的消息）；

（3）以 BSM 消息为例，消息里面包含时间、位置、ID、速度、方向等信息。

2）数据处理

（1）按照时刻 $T_1,\cdots,T_n,\cdots,T_N$，依据车辆 ID，将车辆 V_k 发送消息的记录和所有其余车辆（集合记为 V^k）接收 V_k 消息的记录进行对齐。

（2）依据各个车辆对应时刻 $T_1,\cdots,T_n,\cdots,T_N$ 的位置信息和车辆 V_k 的位置信息，计算出各个车辆在各个时刻相对于 V_k 的距离。

（3）在 $T_1,\cdots,T_n,\cdots,T_N$ 各时刻，将距离属于(a,b)范围内的车辆筛选出来，集合记为$V_{a,b}^{k}$。

（4）在 $T_1,\cdots,T_n,\cdots,T_N$ 各时刻，进一步筛选出其速度属于(c,d)范围内的车辆集合，记为$V_{(a,b)(c,d)}^{k}$，$V_{(a,b)(c,d)}^{k}\subseteq V_{(a,b)}^{k}$。

（5）$T_1,\cdots,T_n,\cdots,T_N$ 各时刻，在集合$V_{(a,b)(c,d)}^{k}$中检查各个时刻对应车辆是否收到 V_k 数据包，接收到的车辆集合记为$\overline{V}_{(a,b)(c,d)}^{k}$，$\overline{V}_{(a,b)(c,d)}^{k}\subseteq V_{(a,b)(c,d)}^{k}$。

（6）针对每辆车，重复上述步骤，分别得出$V_{(a,b)(c,d)}^{k}$，$k=1,2,\cdots,K$ 和 $\overline{V}_{(a,b)(c,d)}^{k}$，$k=1,2,\cdots,K$。

$$\text{PRR}=\frac{\sum_{k=0}^{K}\left|\overline{V}_{(a,b)(c,d)}^{k}\right|}{\sum_{k=0}^{K}\left|V_{(a,b)(c,d)}^{k}\right|}$$

10.2.2.2.2　通信距离评测方法

1. 测试配置

通信距离评测如图 10-10 所示。

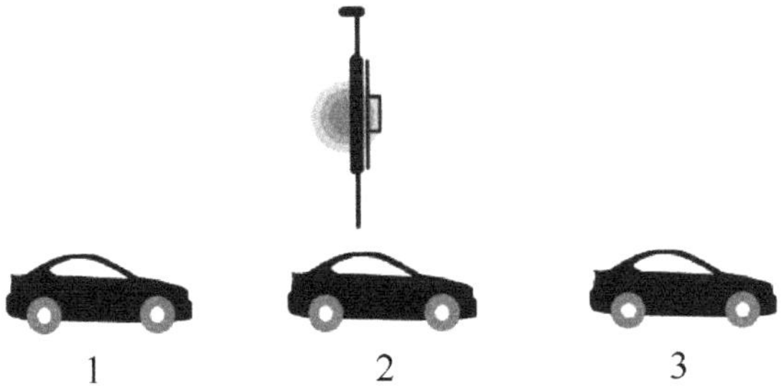

图 10-10　通信距离评测

下面示例测试配置，其中 x 只表示将设计的数据，不代表具体的数值。

（1）一辆车，一个路边单元 RSU，均具备向外广播消息以及接收消息的能力。

（2）RSU 高：x m。

（3）车辆消息发送在 xx 信道/频点，RSU 消息发送在 xx 信道/频点。

2. 测试步骤

（1）车辆和 RSU 同时周期性地向外发送 V2X 数据包（如 BSM 消息）。

（2）收集和 RSU 的各自发送和接收的信息。

（3）车辆从位置 1（距离 RSU 约 xxx m）开始，以速度 xx km/h 向前行驶，直至行进至位置 3。

（4）停止收集信息，存储车辆和 RSU 的信息。

（5）重复测试 I 次。

（6）改变车辆速度，重复上述测试。

3. 数据处理

（1）针对每次测试，依据时刻 $T_1,\cdots,T_n,\cdots,T_N$，将 RSU Tx 和对应车辆 Rx 的数据进行对齐。

（2）计算出 $T_1,\cdots,T_n,\cdots,T_N$ 各个时刻的车辆距离 RSU 的距离，记为 $d_{T_n}^1$

（3）统计出各个时刻车辆接收 RSU 数据包的情况，正确记为 1，错误记为 0，这样每个数据 $d_{T_n}^1$ 均对应一个数据包正确与否的情况（1 或者 0）。

（4）重复处理所有的 N 次测试数据，得出 $d_{T_n}^i$，$n=0,\cdots,N$，$i=0,\cdots,I$ 以及对应的数据包正确与否信息 1 或者 0。

（5）将 $d_{T_n}^i$ 进行分类，分别归到不同的距离范围(a, b)，各个集合记为 $D_{(a,b)}$，其对应数据包正确与否的信息集合记为 $\Phi_{(a,b)}$，其中：$a=i\times\Delta_d$，$b=(i+1)\times\Delta_d$，Δ_d 为距离统计精度。

（6）针对各个距离范围(a,b)，分别统计出数据包总数（即$\left|D_{(a,b)}\right|$或者$\left|\Phi_{(a,b)}\right|$），则

$$\mathrm{PRR}_{a,b} = \frac{\left|\varPhi_{a,b} \cap \varOmega\right|}{\left|\varPhi_{a,b}\right|}$$

其中，$\varOmega$ 是大小为 $\left|\varPhi_{(a,b)}\right|$ 的全部 1 的集合。

（7）作出 PRR 和距离范围(a,b)的曲线，以一定的 PRR 准则（如 90%）得出 Range 取值。

（8）相反方向（车辆发送，RSU 接收）类似。

4．精度分析

$\varDelta_d$ 的取值主要在 PRR 曲线拟合和数据量之间折中，取值越小，则曲线拟合越好，但需要的数据量/测试量越大。假定需要考虑的速度为 30 km/h，意味着数据在距离上的粒度为 0.083 m（10 ms 移动的距离），如果 Δ_d 取为 0.083 m，则需要 K 级别的重复测试；如果 $\varDelta_d$ 为 100×0.083 m=8.3 m，则在数十次量级。见表 10-3 中，$\varDelta_d$ 的取值和需要重复的次数可作为参考。

表 10-3　Range 评测精度分析

速度（km/h）	15	30	60	120
10 ms 移动距离（m）	0.0417	0.083	0.167	0.33
$\varDelta_d$(m)	4.2	4.15	4.18	6.6
重复次数 I	10 次	20 次	40 次	50 次

参考文献

[1] 3GPP.0. Study on LTE support for Vehicle to Everything (V2X) services: TR22.885 v14[R].

Dec. 2015.
[2] Future Forum&TIAA 车联网联合工作组.智能网联汽车基本应用白皮书[R].2016-11.
[3] Future Forum&TIAA 车联网联合工作组.智能网联汽车连接能力评测白皮书[R].2017-11.
[4] EN.General requirements for the competence of testing and calibration laboratories:ISO/IEC 17025[S]. 2005.
[5] EN. Conformity assessment – Requirements for bodies certifying products, processes and services: ISO/IEC 17065[S]. 2012.

第 11 章　C-V2X 的产业推动

完成标准制定，只是走出了商用的第一步。随后，还需要通过多个厂家的测试来推动产品的互联互通，同时通过测试场甚至实际道路的大量测试可以验证技术和产品的可靠性，解决可能存在的问题。

5G 汽车联盟（5G Automotive Association，5GAA）的成立，是行业推动 C-V2X 发展中的最重要的一步，弥合了标准和产品商用之间的鸿沟。在中央部委和地方政府的联合组织下，各地也纷纷开展示范项目，以推动包括 C-V2X 在内的技术走向商用。

接下来介绍 5GAA 和国内目前已经运行的示范项目概况。

11.1　5GAA

不同于传统电信行业技术，车联网涉及电信、汽车和交通行业的跨行业融合技术，需要联合多个产业的力量推进包括法规、频谱、标准、技术、测试以及认证等相关方面的进展。为此，在国际主流电信企业和汽车企业的号召下，5GAA 于 2016 年 9 月成立，该联盟的发起成员包括奥迪、宝马、戴姆勒、爱立信、华为、因特尔、诺基亚和高通。随后，5GAA 在全球范围内得到了汽车制造、通信以及交通行业相关企业的广泛响应，截至 2017 年 8 月，其成员已经达到 54 家，成员涉及 C-V2X 产业各个环节，包括全球各大汽车制造商、各级供应商、电信运营商、电信设备商、芯片以及零部件供应商等。5GAA 的目标及任务包括：

（1）通过车辆互相共享信息使得交通更安全、更环保、更愉快的时代已经到来，与这个概念相关的技术称为合作智能运输系统（C-ITS）。不考虑其他影响，单是对道路安全的影响就足以使 C-ITS 成为高优先级。根据世界卫生组织（WHO）的数据，2013 年世界各地约有 125 万人因道路交通事故死亡，另有 2000～5000 万人因交通事故受伤或致残。

（2）C-ITS 的关键技术依赖于无线通信，包括 Vehicle-to-Vehicle（V2V）通信、Vehicle-to-infrastructure（V2I）通信、Vehicle-to-network（V2N）通信和 Vehicle-to-pedestrian（V2P）通信，或者统称为 V2X 通信（Vehicle-to-everything）。

（3）5GAA 认为：5G 将是最终的平台，以使得 C-ITS 成为现实，并且提供 V2X 通信。5G 将能够更好地实现任务关键型通信，从而实现更安全的驾驶，并进一步支持增强的 V2X 通信和连接的移动解决方案。

为了实现上述目标和任务，依据不同的职责，5GAA 成立了 5 个工作组，其组织架构如图 11-1 所示。

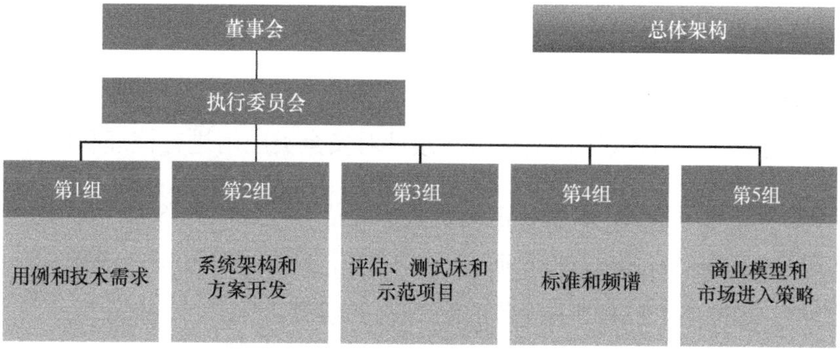

图 11-1　5GAA 组织架构

各个工作组的职责以及分工如下：

第1组（WG1）：定义关于用例的端对线视图，并为连接的移动性解决方案（如通信体系结构、无线电协议、无线电参数、频谱和载波）的认证提供技术要求和性能指标的聚合组合。确保V2X和其他受影响的技术的互操作性。

第2组（WG2）：定义、开发和推荐系统体系结构和可互操作的端到端解决方案，以解决用例和感兴趣的服务。审查现有的技术领域的解决方案，如无线接口技术、无线网络部署模式、无线电接入网络和网络云、连接和设备管理或安全、隐私和验证。

第3组（WG3）：通过测试床（Testbeds）来评估和验证端到端的解决方案。结合市场策略，选择合适的使用案列，通过示范项目和大规模试验，促进商用和标准化。这包括多阶段/多年计划以及相应的优先级。

第4组（WG4）：担任"行业规范小组"，向ETSI、3GPP和其他标准组织提供建议、提案和观点。促进V2X在ITS频段、移动无线宽带（Mobile Broadband，MBB）频段和免许可频段的频段一致性要求。相对于其他行业组织，代表协会的一致观点和意见。

第5组（WG5）：确定商业模式的准则，确定所涉及的组织和公司，并对其进行优先排序。针对一致同意的商业应用模式起草示范性的商用方案。商定如何最好地实现对目标连接移动解决方案的全球一致的认证方法。

自成立以来，5GAA已经在C-V2X领域开展了多项工作，包括：

WG1先期梳理出6个应用，包括十字路口、软件更新、环境感知与地图、超车、协作变道、行人等，后期将继续针对安全类应用进行梳理和研究。

WG2开展了V2X术语与定义研究、规范对齐（ETSI/SAE）研究、传感器共用（Sensor Sharing）技术研究、C-V2X网络架构研究等，其输出包括启动针对C-V2X的ETSI相关规范的制/修订和研究工作。

WG3研究包括现有试验与测试调研、C-V2X北美试验、测试策略研究、预商用试验/互操作测试研究，以及802.11p/C-V2X性能比较等。

WG4 主要对频谱需求以及共存策略进行研究，并同期进行 C-V2X 推广，尤其是在欧盟范畴内以及北美频谱和管理方面的相关推动工作。

WG5 主要开展应用优先级以及 C-V2X 商业策略的研究和探讨。

具体的成果输出包括白皮书、态度白皮书（position paper）以及在全球范围内的商业、应用和测试推广等，具体可以参考 5GAA 发布的相关白皮书。

11.2　中国示范项目

11.2.1　浙江

2015 年 9 月 11 日，工业和信息化部与浙江省签署“基于宽带移动互联网的智能汽车、智慧交通应用示范”合作框架协议，浙江省也因此成为工业和信息化部首个智能汽车、智慧交通应用示范合作省。浙江省将以杭州市云栖小镇和桐乡市乌镇为两个核心区域，建立集智能汽车、智慧交通、宽带移动互联网于一体的试验验证示范区。桐乡市的试点主要包括交通大数据集成及信息服务模型构建、以视频为核心的智能车载终端、路网设施、新能源汽车的技术与产品示范及车联网综合运营平台等。

11.2.2　上海

“国家智能网联汽车（上海）试点示范区”于 2016 年 6 月获工业和信息化部批复开始建设，以期到 2020 年建设成为我国智能网联汽车先进技术研发、标准规范研究制订和产品技术检测认证的主要基地，智能网联汽车新技术、新产品、新业态、新模式展示、发布和交流合作的主要窗口，以及相关产业创新孵化基地、人才高地、产业资本的主要集聚地。“国家智能网联汽车（上海）试点示范区”计划分为以下几个阶段分期建设：

第一阶段：封闭测试与体验区。上海示范项目第一阶段示意图如图 11-2 所示，在上汽国际赛车场南侧的发展备用地建设 2 km^2 的封闭测试区（F-Zone），结合现有市政道路搭建超过 100 种满足各类无人驾驶和 V2X 等测试场景，涵盖安全、效率、通信、新能源汽车等应用类别；在同济大学嘉定校区建设 113 km^2 的研发科研区（T-Zone），探索基础性前瞻技术研究；在汽车博览公园建设科普体验演示区（E-Zone），进行无人驾驶和 V2X 演示体验。基本完成智能网联汽车测试示范平台核心区基础设施建设，为智能网联汽车相关技术的测试、验证与展示提供基本环境，成为上海市智能汽车产业创新与示范应用产业基地。

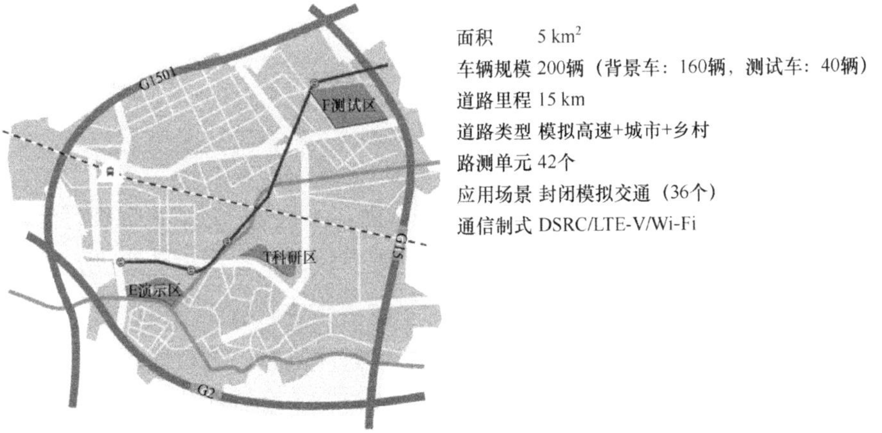

图 11-2　上海示范项目第一阶段示意图

第二阶段：开放道路测试区。上海示范项目第二阶段示意图如图 11-3 所示，在 2017 年年底，在汽车城核心区博园路、墨玉南路、安驰路等道路建设智能网联汽车上路实测的基本环境条件，覆盖面积达到 27 km^2，涉及城市快速路、园区等道路特征，测试与示范车辆规模争取达到千辆级。基本建成基于智能交通理念与要求的智能网联汽车上路实测所需环境条件，支撑相关技术研发、标准研究、产品测试等功能，成为国内首个功能完备的智能网联汽车测试示范公共服务平台。

第三阶段：典型城市综合示范区。上海示范项目第三阶段示意图如图 11-4 所示，到 2019 年年底，拓展至安亭镇全区、外冈镇新能源汽车及关键零部件产业基地，覆盖面积达到 100 km^2，增加高速公路测试场景，测试与示范车辆规模达到 5000 辆左右。基本建成基于智慧城市理念与要求的智能网联汽车区域性测试示范公共服务平台，初步打造智能网联汽车产业集群。

面积　　27 km^2
车辆规模 1000辆（背景车：900辆，测试车：100辆）
道路里程 73 km
道路类型 快速+城市+乡村+园区
路测单元 182个
应用场景 区域共享交通（68个）
通信制式 DSRC/LTE-V

图 11-3　上海示范项目第二阶段示意图

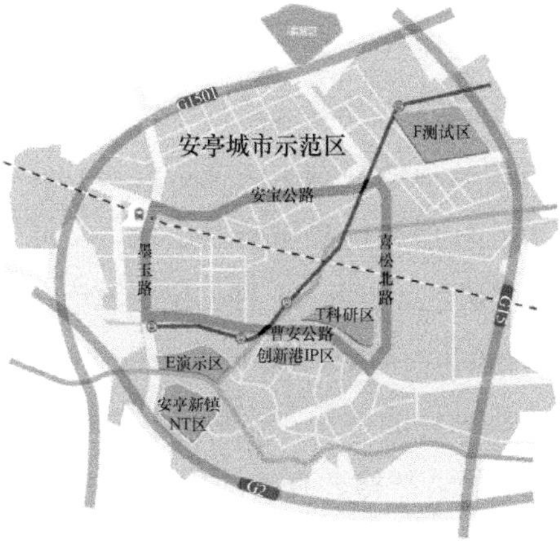

面积　　100 km^2
车辆规模 5000辆（背景车：4500辆，测试车：500辆）
道路里程 366 km（含高速28 km）
道路类型 高速/快速+城市+乡村
路测单元 360个
应用场景 城市区域交通（86个）
通信制式 DSRC/LTE-V

图 11-4　上海示范项目第三阶段示意图

第四阶段：城际共享交通走廊。上海示范项目第四阶段示意图如图 11-5 所示，到 2020 年年底，通过嘉闵高架和 G15 沈海高速的智能化改造，形成汽车城和虹桥商务区两个“独立城市”的共享交通闭环，覆盖面积达到 150 km^2，测试与示范车辆达到万辆级。建成区域性、相对独立、功能齐全的智能网联汽车测试示范公共服务平台，形成初具规模的智能网联汽车产业集群。

面积	100 km^2
车辆规模	10 000辆（背景车：9000辆，测试车：1000辆）
道路里程	500 km
道路类型	高速/高架+城市+乡村
路测单元	500+
应用场景	城市综合交通（预计150个以上）
通信制式	DSRC/LTE-V

图 11-5　上海示范项目第四阶段示意图

11.2.3　重庆

2016 年 1 月 27 日，工业和信息化部和重庆市人民政府在重庆共同签署了“基于宽带移动互联网的智能汽车与智慧交通应用示范”合作框架协议。根据该框架协议，未来三年将由中国汽车工程研究院联合长安汽车等企业，积极推动智能汽车逐步由试验场区封闭、半封闭场景到开放交通环境的测试评价及试验示范工作，逐步将试验厂区的全封闭环境转移到重庆城市交通开放环境，开展自动驾驶、交通安全、舒适及节能环保、信息服务及娱乐、交通管理等领域的新技术、新产品研究开发和检测认证。同年 11 月，位于重庆两江新区的智能汽车集成系统试验区 i-VISTA（Intelligent Vehicle Integrated Systems Test Area）正式开园。该试验区充分利用重庆独特的地貌，具备多种测试场景，可为智能网联汽车和自动驾驶测试提供更全面、严格、真实的模拟城市环境。i-VISTA 试验区的建设工程规划为三期：

第一期：“城市模拟道路测试评价及试验示范区”，即重庆“智能汽车集成系统试验区”第一期，如图 11-6 所示，位于重庆市北部新区金渝大道 9 号

（中国汽研园区），在原有园区的基础上，搭建交通设施、交通控制系统、通信网络、北斗高精度定位系统、车车协同通信、自动驾驶功能和性能测试试验场、智慧停车场，园区内包含多种交通场景，满足不同研究和测试的需求。城市模拟道路测试评价试验示范区测试道路已经包括直道、弯道，隧道、桥梁，淋雨道、林荫道、ABS 低附路，十字、丁字路口，并且装备了 GNSS 差分基站，支持 GPS、北斗、GLONASS 导航。拥有多个 LTE-V2X 路侧单元，多套 DSRC 路侧单元以及信号灯组和摄像头，多个跟踪式微波检测器，用于探测和跟踪车辆和行人等。

图 11-6　重庆“智能汽车集成系统试验区”第一期示意图

第二期：重庆西部汽车试验场智能汽车可靠性试验区，即重庆“智能汽车集成系统试验区”第二期示意图，如图 11-7 所示，位于重庆西部汽车试验场内。在重庆西部汽车试验场传统汽车试验场地的基础上，完善相关基础设施，增加相应的交通设施及交通控制系统，将形成各种特殊道路、乡村道路以及高速环道的智能汽车可靠性试验区。同时，还将在鱼嘴工业园区周边搭建城镇模拟道路测试环境，开展基于城乡结合的智能网联汽车道路试验示范。

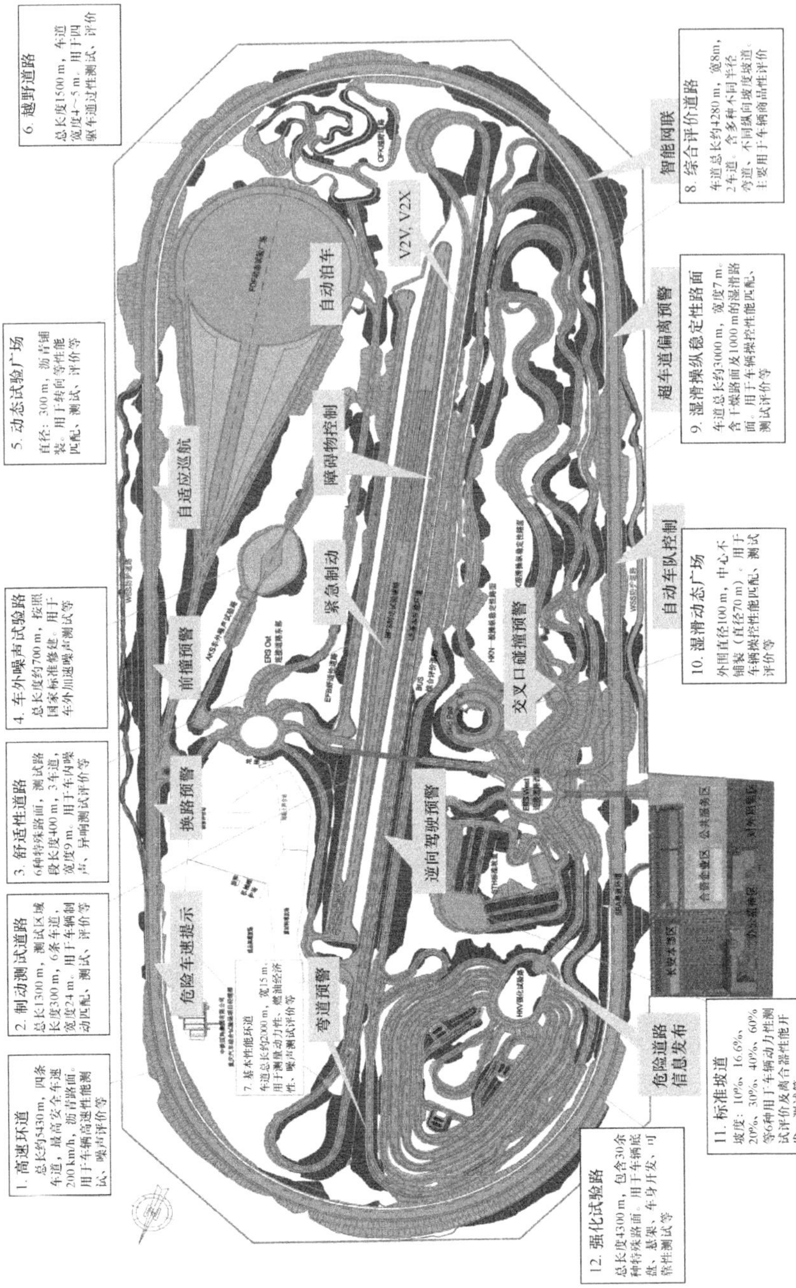

图 11-7 重庆“智能汽车集成系统试验区”第二期示意图

第三期：两江新区智能汽车与智能交通开放道路试验区，即重庆“智能汽车集成系统试验区”第三期示意图，如图 11-8 所示，将在北部新区礼嘉镇（街道）城镇道路、立交桥、隧道、桥梁等开放道路，安装和改建智慧交通和通信系统测试评价所需的基础设施和智能化道路设备，形成涵盖西部地区 90%以上特殊路况、全国 85%以上路况环境下的开放交通场景智能汽车及智慧交通测试示范区。

图 11-8　重庆“智能汽车集成系统试验区”第三期示意图

11.2.4　北京/河北

2016 年 1 月 18 日，“智能汽车与智慧交通产业创新示范区”在北京经济技术开发区成立并举办发布会。工业和信息化部、北京市人民政府、河北省人民政府共同签订了“基于宽带移动互联网的智能汽车与智慧交通应用示范”框架合作协议。根据该协议，2016—2020 年，结合北京经济技术开发区和河北徐水经济开发区及长城汽车试验场，在京冀两地分别布局试验示范场地。北京市以经济技术开发区为核心区域，将开发区全面建成智能汽车与智慧交通产业创新示范区，重点在宽带移动互联网基础设施环境建设、智能汽车操作系统与关键核心部件应用等方面开展示范。同时位于河北的示范区将重点在智慧路网、智慧交通数据中心、智慧交通模拟应用环境、智慧交通应用场景设计、智能汽车研发、大王店新城示范区建设等方面开展示范。

11.2.5 吉林

2016年11月，工业和信息化部与吉林省人民政府就“基于宽带移动互联网智能汽车与智慧交通应用示范”合作框架协议签约。2017年8月，国家智能网联汽车应用（北方）示范区开始建设，该示范区将成为东北首家基于宽带移动互联网的智能汽车和智慧交通应用示范基地、中国国内首家寒区智能汽车和智慧交通测试体验基地、国内首家以汽车企业为依托建设的智能网联汽车应用示范区。国家智能网联汽车应用（北方）示范区未来可为辅助驾驶、自动驾驶和V2X网联汽车提供72种主测试场景和1200个子测试场景，支持10 000辆车（包括用于混流测试或示范的传统商/乘用车）示范测试。该示范区分三期建设：

第一期：可以同时支持100辆车进行测试服务，其中不少于2辆安装基于LTE-V2X技术的V2X通信设备和北斗高精度定位设备，能够实现信息提示、安全预警等智能网联化应用。

第二期：可以支持的示范车辆达到500辆，其中8辆以上安装基于LTE-V2X技术的V2X通信设备和北斗高精度定位设备，其中20辆以上安装4G的T-BOX和北斗高精度定位设备，其余车辆安装基于4G技术的OBD终端，能够实现信息提示、安全预警与控制、绿色节能等智能网联化应用，包括合资、自主品牌车辆参与示范运行。建设20个配有红绿灯的交叉路口，各交叉路口的红绿灯都安装信息发送、接收设备。

第三期：可以支持示范车辆达到10 000辆，包括轿车、客车、卡车、新能源等多种车型，其中50辆以上安装基于LTE-V2X技术的V2X通信设备和北斗高精度定位设备，其中500辆以上安装了4G的T-BOX和北斗高精度定位设备，其余车辆安装基于4G技术的OBD终端，能够实现信息提示、安全预警与控制、绿色节能等智能网联化应用。50个以上的交叉路口安装智能网联红绿灯，在 40 个以上的交叉路口安装流量监控设备，有 30 个以上的道路安装危险状态监控以及危险信息发布设备。

11.2.6　武汉

2016 年 11 月，工业和信息化部与湖北省人民政府签署框架协议，建设“基于宽带移动互联的智能汽车与智慧交通应用示范”，项目落户武汉开发区（汉南区）智慧生态城。2017 年 9 月，“中国 • 武汉智能网联汽车示范区”规划建设总体方案出炉。方案提出，将打造不小于 10 km^2 的智能网联汽车小镇。5 年内，武汉经济开发区将打造国际一流的智能网联汽车和智慧交通综合创新试验示范区，助力武汉建成国内智能网联汽车测试、创新和产业化应用的标杆城市。

除了上述各个示范基地，交通部公路院、公安部无锡所也分别在北京通州和无锡等地方开展车路协同、智能汽车等相关试验、测试和示范工作，车联网为其中的关键技术之一。

第 12 章　未来与展望

通信技术演进到 5G 时代，将实现万物互联，汽车作为万物互联的一个接入点，接入到更广阔的平台。未来的通信技术将为汽车提供更强大的传感器和信息共享服务，汽车产生的大数据将爆发式增长。人工智能研究的一个主要目标是使极其能够胜任一些通常需要人类智能才能完成的复杂工作，自动驾驶正是让机器代替人类司机。汽车智能在万物互联、大数据、人工智能的快速发展趋势下，不仅将实现高度安全的自动驾驶，而且未来多种多样的云端应用创新更将使乘客感受到极致的用户体验。

无线通信标准的趋势是全球技术统一和频段统一，以实现规模经济效益，用最低成本实现通用的终端和网络设备。从通信标准来看，5G 时代，车车之间的直连通信将继续对于现有的 C-V2X PC5 口进行演进和增强，并且会研发新的空口技术，支持更高带宽数据传输。以全球融合的 5.9 GHz 频率为基础，寻求更多全球一致的频谱，智能交通频谱研究将至少持续到 2023 年的世界无线电大会（WRC2023）。

通过无线车联网，本地数据在车辆之间进行实时交换。随着 5G 时代到来，车车之间的通信链路实现更强带宽和可靠性，同时对于车辆在高速存储、处理大量数据，以及基于大量历史和实时数据分析决策的能力也提出了更高要求。因此需要将更加强大的计算能力引入到车里面，给车提供基于计算机的识别能力、虚拟现实能力、增强现实能力，为车提供更多的信息，为基于深度学习等复杂算法的自动驾驶决策提供所需要的计算能力。此外，5G 边缘计算的分布式开放平台，在一定程度上也可能为覆盖范围内的汽车延伸提供一定精细的后处理数据以及计算能力。车联网可以提高定位精度和更新频率，把 GNSS 卫星定位和传感器输入结合在一起提供无所不在的精确定位，包括卫星信号遮挡严重的城区环境、停车场以及多层立交桥等。同时，高精度地图和定位精度也都将会是自动驾驶必备要素。

由车联网的数据交换、海量数据和人工智能，必将催生海量上层应用的诞生，未来创新将大量集中在上层应用。车商可以基于车载实时数据开发应用，而大量 IT 应用将在云端产生，利用云端存储、计算能力和 5G 接入网络，为用户提供各种应用和平台。

数据永远离不开安全，被破坏的数据（包括造假以及损毁）将给人类社会带来巨大风险。对于车联网和智能网联汽车，未来的安全更是重中之重，既要考虑高保护等级又要考虑整个安全系统的建设和维护成本。

未来车联网能力必将是作为汽车以及电动车的基础能力要求，为了确保自动驾驶的安全高效，以后车联网不仅连接车，还要扩展到连接人和更多基础设施，实现智能交通、绿色交通、全交通、智能城市等美好愿景。

为了促进人类社会能及早享用到科技成果，各国政府都将陆续通过国家强制法规、补贴等政治经济策略去加速车联网研究、发展和应用。

缩略语

缩略语	英 文 全 称	中 文
ADAS	Advanced Driver Assistance System	先进驾驶辅助系统
BSM	Basic Safety Message	基本安全消息
BSS	Basic Service Set	基本服务组
CAM	Cooperative Awareness Message	协同感知消息
CALM	Communications Access for Land Mobiles	地面移动通信接入
CEN	European Committee for Standardization	欧洲标准化委员会
C-V2X	Cellular Vehicle to X	基于蜂窝技术的车辆通信，即蜂窝车联网
DENM	Decentralized Environmental Notification Message	分散环境通知消息
DSRC	Dedicated Short Range Communication	专用短程通信
eCall	emergency Call	紧急呼叫
ETC	Electronic Toll Collection	不停车电子收费
ETSI	European Telecommunications Standards Institute	欧洲电信标准化协会
HeERO	Harmonised eCall European Pilot	欧盟 eCall 协调示范项目
I2V	Infrastructure to Vehicle	基础设施到车
ITS	Intelligent Transportation System	智能交通系统
MSD	Minimum Set of Data	最小集数据
NG-eCall	Next Generation emergency Call	下一代紧急呼叫
NR	New Radio	新空口
PSAP	Public Safety Answering Point	公共安全应答点
SAE	Society of Automotive Engineers	汽车工程学会
TSP	Telematics Service Provider	汽车远程服务提供商
V2I	Vehicle to Infrastructure	车对基础设施
V2N	Vehicle to Network	车对网络
V2R	Vehicle to Roadside Nnit	车对路侧设备
V2V	Vehicle to Vehicle	车对车
V2X	Vehicle to X	车对 X
V2P	Vehicle to Pedestrian	车到人